新时代智库出版的领跑者

智库 中社

国家智库报告 2022（18）
National Think Tank

中国非洲研究院文库 · 智库系列

“脱欧”后英国的非洲政策及前景

朱伟东　著

THE UK'S POLICY TOWARDS AFRICA POST-BREXIT AND ITS PROSPECT

中国社会科学出版社

图书在版编目（CIP）数据

“脱欧”后英国的非洲政策及前景 / 朱伟东著. —北京：中国社会科学出版社，2022.6

（国家智库报告）

ISBN 978 - 7 - 5227 - 0802 - 7

Ⅰ.①脱…　Ⅱ.①朱…　Ⅲ.①对外政策—研究—英国—现代②国际关系—研究—英国、非洲—现代　Ⅳ.①D856.1②D856.5

中国版本图书馆 CIP 数据核字（2022）第 153130 号

出 版 人　赵剑英
责任编辑　范晨星
责任校对　周　昊
责任印制　李寡寡

出　　版　中国社会科学出版社
社　　址　北京鼓楼西大街甲 158 号
邮　　编　100720
网　　址　http://www.csspw.cn
发 行 部　010 - 84083685
门 市 部　010 - 84029450
经　　销　新华书店及其他书店

印刷装订　北京君升印刷有限公司
版　　次　2022 年 6 月第 1 版
印　　次　2022 年 6 月第 1 次印刷

开　　本　787 × 1092　1/16
印　　张　11
插　　页　2
字　　数　145 千字
定　　价　68.00 元

《中国非洲研究院文库》
编委会名单

充分发挥智库作用
助力中非友好合作

——《中国非洲研究院文库总序言》

当今世界正面临百年未有之大变局。世界多极化、经济全球化、社会信息化、文化多样化深入发展，和平、发展、合作、共赢成为人类社会共同的诉求，构建人类命运共同体成为各国人民共同愿望。与此同时，大国博弈加剧，地区冲突不断，恐怖主义难除，发展失衡严重，气候变化问题凸显，单边主义和贸易保护主义抬头，人类面临诸多共同挑战。中国是世界上最大的发展中国家，是人类和平与发展事业的建设者、贡献者和维护者。2017 年 10 月中国共产党第十九次全国代表大会胜利召开，引领中国发展踏上新的伟大征程。在习近平新时代中国特色社会主义思想指引下，中国人民已经实现了第一个百年奋斗目标，正在意气风发向着全面建成社会主义现代化强国的第二个百年奋斗目标迈进，同时继续努力为人类做出新的更大贡献。

非洲是发展中国家最集中的大陆，是维护世界和平、促进全球发展的重要力量之一。近年来，非洲在自主可持续发展、联合自强道路上取得了可喜进展，从西方眼中“没有希望的大陆”变成了“充满希望的大陆”，成为“奔跑的雄狮”。非洲各国正在积极探索适合自身国情的发展道路，非洲人民正在为实现《2063 年议程》与和平繁荣的“非洲梦”而努力奋斗。

中国与非洲传统友谊源远流长，中非历来是命运共同体。中国高度重视发展中非关系，2013 年 3 月习近平担任国家主席后首次出访就选择了非洲；2018 年 7 月习近平连任国家主席后首次出访仍然选择了非洲；6 年间，习近平主席先后 4 次踏上非洲大陆，访问坦桑尼亚、南非、塞内加尔等 8 个国家，向世界表明中国对中非传统友谊倍加珍惜，对非洲和中非关系高度重视。在 2018 年中非合作论坛北京峰会上，习近平主席指出：“中非早已结成休戚与共的命运共同体。我们愿同非洲人民心往一处想、劲往一处使，共筑更加紧密的中非命运共同体，为推动构建人类命运共同体树立典范。”2021 年中非合作论坛第八届部长级会议上，习近平主席首次提出了“中非友好合作精神”，即“真诚友好、平等相待，互利共赢、共同发展，主持公道、捍卫正义，顺应时势、开放包容”。这是对中非友好合作丰富内涵的高度概括，是中非双方在争取民族独立和国家解放的历史进程中培育的宝贵财富，是中非双方在发展振兴和团结协作的伟大征程上形成的重要风范，体现了友好、平等、共赢、正义的鲜明特征，是新型国际关系的时代标杆。

随着中非合作蓬勃发展，国际社会对中非关系的关注度不断提高，出于对中国在非洲影响力不断上升的担忧，西方国家不时泛起一些肆意抹黑、诋毁中非关系的奇谈怪论，诸如"新殖民主义论""资源争夺论""中国债务陷阱论"等，给中非关系发展带来一定程度的干扰。在此背景下，学术界加强对非洲和中非关系的研究，及时推出相关研究成果，提升中非国际话语权，展示中非务实合作的丰硕成果，客观积极地反映中非关系良好发展，向世界发出中国声音，显得日益紧迫和重要。

以习近平新时代中国特色社会主义思想为指导，中国社会科学院努力建设马克思主义理论阵地，发挥为党和国家决策服务的思想库作用，努力为构建中国特色哲学社会科学学科体系、学术体系、话语体系做出新的更大贡献，不断增强我国哲学社会科学的国际影响力。中国社会科学院西亚非洲研究所是遵照毛泽东主席指示成立的区域性研究机构，长期致力于非洲问题和中非关系研究，基础研究和应用研究并重。

以中国社会科学院西亚非洲研究所为主体于2019年

4 月成立的中国非洲研究院，是习近平主席在中非合作论坛北京峰会上宣布的加强中非人文交流行动的重要举措。自西亚非洲研究所及至中国非洲研究院成立以来，出版和发表了大量论文、专著和研究报告，为国家决策部门提供了大量咨询报告，在国内外的影响力不断扩大。按照习近平总书记致中国非洲研究院成立贺信精神，中国非洲研究院的宗旨是：汇聚中非学术智库资源，深化中非文明互鉴，加强治国理政和发展经验交流，为中非和中非同其他各方的合作集思广益、建言献策，为中非携手推进“一带一路”合作、共同建设面向未来的中非全面战略合作伙伴关系、构筑更加紧密的中非命运共同体提供智力支持和人才支撑。中国非洲研究院有四大功能：一是发挥交流平台作用，密切中非学术交往。办好“非洲讲坛”“中国讲坛”“大使讲坛”，创办“中非文明对话大会”“非洲留学生论坛”“中国非洲研究年会”，运行好“中非治国理政交流机制”“中非可持续发展交流机制”“中非共建‘一带一路’交流机制”。二是发挥研究基地作用，聚焦共建“一带一路”。开展中非合作研究，对中非共同关注的重大问题和热点问题进行跟踪研究，定期发布研究课题及其成果。三是发挥人才高地作用，培养高端专业人才。开展学历学位教育，实施中非学者互访项目，扶持青年学者和培养高端专业人才。四是发挥传播窗口作用，讲好中非友好故事。办好中国非洲研究院微信公众号，办好中英文中国非洲研究院网站，创办多语种《中国非洲学刊》。

为贯彻落实习近平主席的贺信精神，更好汇聚中非学术智库资源，团结非洲学者，引领中国非洲研究队伍提高学术水平和创新能力，推动相关非洲学科融合发展，推出精品力作，同时重视加强学术道德建设，中国非洲研究院面向全国非洲研究学界，坚持立足中国，放眼世界，特设"中国非洲研究院文库"。"中国非洲研究院文库"坚持精品导向，由相关部门领导与专家学者组成的编辑委员会遴选非洲研究及中非关系研究的相关成果，并统一组织出版。文库下设五大系列丛书："学术著作"系列重在推动学科建设和学科发展，反映非洲发展问题、发展道路及中非合作等某一学科领域的系统性专题研究或国别研究成果；"学术译丛"系列主要把非洲学者以及其他地方学者有关非洲问题研究的学术著作翻译成中文出版，特别注重全面反映非洲本土学者的学术水平、学术观点和对自身发展问题的见识；"智库报告"系列以中非关系为研究主线，中非各领域合作、国别双边关系及中国与其他国际角色在非洲的互动关系为支撑，客观、准确、翔实地反映中非合作的现状，为新时代中非关系顺利发展提供对策建议；"研究论丛"系列基于国际格局新变化、中国特色社会主义进入新时代，集结中国专家学者研究非洲政治、经济、安全、社会发展等方面的重大问题和非洲国际关系的创新性学术论文，具有基础性、系统性和标志性研究成果的特点；“年鉴”系列是连续出版的资料性文献，分中英文两种版本，设有“重要文献”“热点聚焦”“专题特稿”“研究综述”“新书选介”“学刊简介”“学术机构”“学术动态”“数据统计”“年度大事”等栏目，系统汇集每年度非洲研究的新观点、新动态、新成果。

期待中国的非洲研究和非洲的中国研究在中国非洲研究院成立新的历史起点上，凝聚国内研究力量，联合非洲各国专家学者，开拓进取，勇于创新，不断推进我国的非洲研究和非洲的中国研究以及中非关系研究，从而更好地服务于中非共建“一带一路”，助力新时代中非友好合作全面深入发展，推动构建更加紧密的中非命运共同体。

中国非洲研究院

摘要：2016年6月23日举行的“脱欧”公投是英国政治发展进程中的一件重要大事，它对英国的内政和外交都带来相应的影响。但总体而言，它对英国对外政策的影响更大。“脱欧”公投为英国对外政策的重新定位和转型带来的既有机遇也有挑战。在此背景下，英国特蕾莎·梅政府提出“全球英国”这一对外政策理念，此后的鲍里斯·约翰逊政府延续了这一对外政策理念。“全球英国”对外政策理念成为英国“脱欧”后处理对外关系包括对非洲关系的一项重要指导原则。英国政府意识到“脱欧”后非洲对于“全球英国”愿景的重要意义，因此，无论是特蕾莎·梅政府还是约翰逊政府都强调加强与非洲的关系，虽然它们对非洲的重视程度有所不同。特蕾莎·梅政府时期提出对非战略性方法，强调在繁荣、安全与稳定、气候变化和可持续自然资源管理、人口转型以及萨赫勒地区五个方面实现“五大转变”，利用人员和平台、科技以及软实力“三大推手”推动“五大转变”，同时将“价值观和民主”置于英国政府对非工作的核心。特蕾莎·梅政府的对非战略性方法还特别强调，英国的发展援助必须支持英国的国家利益。约翰逊政府在对非关系方面基本遵循了特蕾莎·梅政府的对非战略性方法，但他采取的一些措施，如合并国际发展部与英国外交部，降低英国发展援助在英国国民总收入的比重，采取“印太倾斜”战略等，被认为会淡化英国与非洲关系。在英国对非新战略的背景下，英国与非洲在政治、经济、安全、文化等领域采取了不同的合作措施，产生了相应的效果。根据英国在非洲的利益需求以及英国过去10年来的对非政策走向，未来5—10年英国将更积极主动地全方位、多领域介入非洲事务。具体而言，在政治方面，英国会进一步扩大与非洲的伙伴关系，更加重视推行英国的“民主、法治、人权”等价值观以及“以规则为基础的国际秩序”理念；在经济方面，会更加重视开拓非洲市场，采取更多具体措施拓展与非洲的贸易与投资；在和平安全方面，会继续扩大在非洲的军事存在，深化与非洲的安全合作；在文化方面，会更加重视在非洲传播其价值观，提升英国在非洲的软实力。从英国对非政策走势及中英战略关系来看，未来中国和英国在非洲既有合作的机遇，也面临竞争的挑战。影响未来中英在非洲关系的因素主要包括“西方因素”“非洲因素”以及中英战略关系的发展。为正确应对未来中英在非洲的关系，中国需要准确把握“西方因素”中的机会，积极寻求与英国“求同存异”，重视“非洲因素”的作用，加强自身对非工作机制建设。

关键词：“脱欧”公投；英国政府；对非政策；中英在非关系

Abstract: The Brexit referendum on June 23, 2016 in the UK is an important event in the UK's political development, which exerted some influence on the UK's internal and foreign affairs, more influence on the latter, in particular, and brought not only opportunities but also challenges to the reorientation and transformation of the UK's foreign policy. In such a context, the government of Teresa May put forward the Global Britain vision, which was followed to some extent by the next government of Boris Johnson and became a guideline principle for the UK to deal with the foreign affair including its policy towards Africa. Having recognized the importance of Africa to the Global Britain vision after the Brexit, both the governments of May and Johnson emphasized the relationship with Africa, though slightly different in the attention they paid to Africa. The so called strategic approach towards Africa advocated by the May government aimed to realize the Five Shifts in prosperity, security and stability, climate change and sustainable natural resources management, demographic transition, as well as the Sahel. Such a strategic approach towards Africa is underpinned by three "enablers", namely, the people and the platform, science and technology, and soft power, while values and democracy were put at the heart of all the work. Such an approach also changed the previous relationship between the UK's developmental aid and its national interests: the developmental aid must be aligned with the UK's national interests now. The measures and policies that the Johnson government adopted such as the merger of the DFID into the FCO, the decease of the percentage of the UK's developmental aid in the GNI, as well as the publication of the "Indo-Pacific tilt" strategy, were considered to have weakened the relationship between the UK and Africa to some extent, though the Johnson government have followed the strategic approach towards

Africa as a whole. Under the strategic approach towards Africa, the UK government carried out various projects with the African countries in political, economical, security and cultural areas and achieved different results. Based on its interests from Africa and its policy towards Africa in the past decade, the UK government will engage the African affairs more actively and more comprehensively in the next 5 – 10 years. To be specific, the UK government will extend its partnership with the African countries and promote its values of "democracy, rule of law, human rights" as well as the "rule-based international order"; will put more attention to develop the African market and adopt more flexible measure to promote the trade and investment with Africa; will further expand its military presence in Africa and deepen security cooperation with Africa; and will extensively spread its values in Africa to promote its soft power there. In terms of the UK's future policy towards Africa and the strategic relationship between China and the UK, there will be opportunity of cooperation and challenge of competition between both sides in Africa. The factors that will have some impacts on the relationship between China and the UK in Africa include the "Western element", the "African element" and the development of the UK-China relationship. To deal with the UK-China relationship in Africa effectively in future, China should learn to grasp the chances among the "Western powers", should seek commonalities from differences with the UK, should pay more attention to the African side and improve its working mechanisms towards Africa.

Key words: Brexit referendum; the UK government; the policy towards Africa; the UK-China relations in Africa

目　录

引　言

2016年6月23日，英国举行“脱欧”公投。公投结果是超过一半的英国民众选择脱离欧盟。此后，英国进入艰难的“脱欧”谈判过程，并最终在2020年1月31日正式脱离欧盟。作为英国政治进程中的一件大事，英国“脱欧”公投对英国外交政策包括对非洲政策产生了重要影响。

在“脱欧”公投后初期，特蕾莎·梅政府疲于应付“脱欧”谈判，而很少考虑其对非政策。“脱欧”公投事件过去两年后，特蕾莎·梅首相才在开普敦的演讲中具体阐明其对非政策。这一对非政策被认为是英国政府的对非新战略，它意味着英国对非关系的“根本性战略转变”。此后的约翰逊政府总体上遵循了这一对非新战略，但约翰逊政府采取的一些具体政策被认为在一定程度上淡化了英国与非关系。不过从约翰逊政府在2021年3月发布的《竞争时代的全球英国：安全、防务、发展和对外政策综合评估报告》有关非洲政策的内容来看，该报告与此前的对非新战略基本上一脉相承。该报告将作为英国政府未来十年的行动指引，因此，约翰逊政府将很可能继续在对非新战略这一整体框架下开展对非关系。

本报告首先以时间为轴，纵向梳理了“脱欧”公投以来英国政府的对非政策，特别是特蕾莎·梅政府的对非新战略，以及此后约翰逊政府在对非政策方面采取的一些小幅度调整。通过纵向梳理，可以把握英国“脱欧”公投后对非政策的整体走向。然后，本报告以英国与非洲的合作领域为面，横向考察了英国与非洲在政治、经济、安全以及文化领域的合作及效果。通过横向考察，有助于了解英国在与非洲开展合作时，在具体领域采取的相应政策或措施。最后，本报告结合英国在非洲的利益需求，研判了其未来对非政策的基本取向以及走势，并在评估英国和中国在非洲利益关系的基础上，对中英在非洲关系的前景进行了分析。

本报告是中国社会科学院创新工程项目“中国对非洲关系的国际战略研究”的第二期结项成果，时间跨度为2017年1月至2021年11月。作者在第一期的结项成果中梳理了英国第二次世界大战后至2016年11月这一时期的对非政策。第一期的结项成果已作为《大国经略非洲研究（上册)》一书的第二章公开出版。为了保持内容的连续性，本报告吸收了第一期成果中的一些内容，并已在本报告中注明。若无特别标明，本报告所参考的资料截至2020年3月底。

一 “脱欧”公投后英国对非洲政策的沿革与特点

2016年6月23日，英国举行“脱欧”公投。公投结果是，52%的英国公民选择“脱欧”，48%的英国公民选择留欧。此后，英国就进入曲折的“脱欧”谈判过程，并最终在2020年1月31日正式“脱欧”，结束其47年的欧盟成员国身份。“脱欧”公投是英国政治进程中的一件大事，它对英国对外关系包括对非政策产生了重要影响。可以说，“脱欧”公投后，英国对非政策就与“脱欧”产生了“剪不断理还乱”的联系。

特蕾莎·梅在2016年7月13日接替卡梅伦就任英国首相后，就一直面临着如何处理“脱欧”后英国的对外关系包括对非关系这一问题。就任首相后不久，特蕾莎·梅在2016年10月的保守党年会上发表了“‘脱欧’后的英国：全球英国（Global Britain）愿景”的演讲，以阐明“‘脱欧’后我们对英国的宏大愿景”。① 2016年12月2日，时任英国外交大臣鲍里斯·约翰逊在英国皇家国际事务研究所首次发表了有关对外政策的演讲。他在演讲中提到，“脱欧”后，英国会更加外向，会更多地参与世界事务。他在演讲中再次重申了“全球英国”这

① Theresa May, “Britain after Brexit: A Vision of Global Briatin”, https://www.conservativehome.com/parliament/2016/10/britain-after-brexit-a-vision-of-a-global-britain-theresa-mays-conservative-conference-speech-full-text.html, visited on 8 June 2020.

一概念，并指出全球英国会实行真正全球化的外交政策，这样的政策符合英国和世界的利益。① 自此，“全球英国”这一概念就成为英国对外关系的一个重要原则。2019 年 7 月 24 日鲍里斯·约翰逊接替特蕾莎·梅成为英国新一任首相后，坚持了“全球英国”这一对外政策。虽然特蕾莎·梅政府和鲍里斯·约翰逊政府在对外关系中都坚持“全球英国”对外政策，而且他们都属于保守党政府，但由于执政理念、个人风格、所处环境和形势等因素的差异，虽然他们在对非政策方面具有一定的延续性，但也存在一些差异。

自“全球英国”对外政策理念提出后，英国政府官员包括首相、外交大臣、国际贸易大臣、国际发展部部长、非洲事务部部长等在不同时间、不同场合多次提及这一概念，并赋予其不同的含义和内容。② 2017 年 1 月 17 日，英国首相特蕾莎·梅在题为《英国政府“脱欧”的谈判目标》的演讲中再次强调，英国会利用“脱欧”的机会，打造一个真正全球化的英国。特蕾莎·梅指出，英国“脱欧”后会“成为欧洲伙伴最好的朋友和邻居，但也要超越欧洲边界，走向世界，与老朋友和新盟友建立关系”，“（2016 年）6 月 23 日，不是英国选择退出世界舞台的时刻，而是我们选择建立一个真正全球英国的时刻”。③ 两天后在达沃斯世界经济论坛上发表演讲时，她再次阐述了这一

① Borris Johnson，“Global Britain：UK Foreign Policy in the Era of Brexit”，https：//www. chathamhouse. org/sites/files/chathamhouse/events/special/2016-12-02-Boris-Johnson. pdf，2017 年 5 月 8 日访问。

② 有关英国政府官员涉及“全球英国”的讲话、评论、文章等内容，参见 https：//www. gov. uk/government/collections/global-britain-delivering-on-our-international-ambition#prime-minister's-speeches.

③ Theresa May，“The Government's Negotiating Objectives for Exiting the EU：PM Speech”，https：//www. gov. uk/government/speeches/the-governments-negotiating-objectives-for-exiting-the-eu-pm-speech，2017 年 5 月 10 日访问。

主张。① 英国国际贸易大臣福克斯在 2017 年 4 月访问马来西亚时再次强调"全球英国"的含义："视野开阔，秉持国际主义，拒绝岛国心态，并继续在全球事务中发挥重要作用。"② 2018 年 2 月，特蕾莎·梅在参加慕尼黑安全会议时指出，作为一个全球大国，英国将继续在维护全球安全方面发挥领导作用。③ 鲍里斯·约翰逊在 2019 年 7 月接任英国首相。随后，鲍里斯·约翰逊政府的外交部长拉布在 2019 年 9 月 3 日撰文指出，"全球英国不只是涉及'脱欧'和自由贸易……我们还有意强化英国作为善意全球公民在世界事务中的作用"。他还特别强调英国应成为"向善的力量"（a force for good），在应对气候变化、保护人权、捍卫以规则为基础的国际秩序方面发挥积极作用。④ 2020 年 2 月 3 日，鲍里斯·约翰逊在格林尼治老皇家海军学院讲话时谈到全球英国时指出，"我们重新获得了完全的主权权威"，"我们需要走向世界"，"经过几十年的冬眠后，我们作为全球自由贸易的领军者再次出现"。⑤

从英国首相和外交大臣的上述讲话来看，建设"全球英国"

---

① " Davos 2017：Prime Minister's Speech to the World Economic Forum"，https：//www. gov. uk/government/speeches/davos-2017-prime-ministers-speech-to-the-world-economic-forum，2017 年 5 月 10 日访问。

② Liam Fox，"Malaysia and Britain：Partners in a Post-Brexit World"，https：//www. gov. uk/government/speeches/malaysia-and-britain-partners-in-a-post-brexit-world.

③ "PM Speech at Munich Security Conference：17 February 2018"，https：//www. gov. uk/government/speeches/pm-speech-at-munich-security-conference-17-february-2018.

④ Dominic Raab，"Global Britain Is Leading the World as Force for Good"，available at https：//www. gov. uk/government/speeches/global-britain-is-leading-the-world-as-a-force-for-good-article-by-dominic-raab，visited on 19 June 2021.

⑤ "PM Speech in Greenwich 2 February 2020"，https：//www. gov. uk/government/speeches/pm-speech-in-greenwich-3-february-2020.

将成为英国保守党政府的重要外交政策。虽然英国政府并没有系统、明确阐明"全球英国"这一政策的具体含义，但从英国政府官员的讲话中可以看出，全球英国将更加重视商业、自由市场和自由贸易，它将继续维持和发展与欧洲的自由贸易关系，同时与欧盟以外的其他国家签订更多的自由贸易协定，显著提高与其他新兴经济体的贸易合作，更积极地参与全球事务，谋求在世界上发挥作为大国的影响力，使英国成为一个"更加强大""更加公平"的"全球贸易国家"。①

总体来看，"全球英国"强调的是在"脱欧"这一背景下，英国并不是走向孤立和保守，而是更具全球视野和外向品格，更加自主地发展与其他国家和国际组织的关系。具体而言，"全球英国"理念主要体现出如下内容：一是突出自己的全球大国地位，力争在国际舞台上发挥更大的影响力；二是拓展伙伴关系，在重塑英欧关系的同时，重视发展与其他国家的关系；三是维护和平与安全，在全球安全事务合作中继续扮演重要角色；四是推动经贸发展，坚持贸易自由化、全球化，充当自由贸易和自由市场的倡导者和拥护者；五是构建和巩固"以规则为基础的国际秩序"，支持 WTO 改革，在多边机构中发挥积极作用。② 从上述几方面的内容来看，对非洲政策是"全球英国"理念无法绕开的一个方面。因此，无论是特蕾莎·梅政府还是约翰逊政府都对非洲采取了相应的外交政策。

① House of Commons Exiting the European Union Committee, The Government's Negotiating Objectives: The White Paper, available at https: //dera. ioe. ac. uk/28763/1/1125. pdf, visited on 21 May 2020.

② 王明进：《"脱欧"过渡期与英国对外政策前景》，《人民论坛》2020 年 7 月上期；李静堃：《"全球英国"理念下英国对非洲政策的调整》，《西亚非洲》2019 年第 2 期。

（一）特蕾莎·梅政府的对非洲政策

特蕾莎·梅在2016年7月就任英国首相伊始，一直忙于"脱欧"协议的谈判，没有就英国对非洲政策发表任何全面、系统的讲话。在她于2018年8月28日在开普敦发表演讲全面阐述英国对非政策之前，特蕾莎·梅政府有关对非政策的立场主要体现在英国外交部非洲事务部部长就英非关系发表的演讲和表态中。这些演讲和表态既为特蕾莎·梅政府初期的对非政策提供了指导和方向，也奠定了特蕾莎·梅政府后来对非战略性方法的基础。因此，了解特蕾莎·梅政府时期非洲事务部部长有关对非关系的演讲和表态，对于了解特蕾莎·梅政府早期的对非政策以及后来的对非战略性方法都具有重要的意义。

1. 特蕾莎·梅政府对非战略性方法提出前的对非政策

特蕾莎·梅政府时期英国外交部先后有三位非洲事务部部长，分别是托比亚斯·埃尔伍德（Tobias Ellwood, 2016.7.17—2017.7.14任职）、罗里·斯图尔特（Rory Stewart, 2017.7.15—2018.1.9任职）和哈里特·鲍德温（Harriett Baldwin, 2018.1.9—2019.7.25任职）。在这三位非洲事务部部长中，除斯图尔特任期较短没有专门就英非关系发表演讲外，其他两位非洲事务部部长都专门就英非关系阐述过自己的立场。埃尔伍德在就任非洲事务部部长后不久就表示，考虑到非洲的经济增长势头以及巨大的经济发展潜力，英国会利用它在非洲的外交网络，积极与非洲国家一道利用这一繁荣机会，使非洲的经济潜力能够最大化地得以释放。同时，为促进非洲经济发展，英国还会致力于改善非洲大陆特别是东非地区的稳定与安全，为此英国将与非盟、联合国安理会等国际组织以及美国、法国等国一起致力于解决尼日利亚"博科圣地"

所带来的威胁、埃博拉爆发所产生的影响以及帮助改善索马里的安全状况。他还特别强调，“即使英国脱离了欧盟，我们仍会一如既往地参与非洲事务”。① 2017 年 4 月 20 日，埃尔伍德应邀在英国皇家国际事务研究所发表题为《“脱欧”后的英国对外政策：介入非洲》演讲，首次阐明了英国“脱欧”后的对非政策。他在演讲中强调了非洲对于英国的重要性以及英国对于非洲的重要性。就非洲而言，非洲存在巨大的人口红利和发展前景。例如，非洲目前 25 岁以下的人口占总人口的 70%，到 2050 年，非洲人口将占世界人口的四分之一，中等收入阶层的人数将达到欧洲人口的规模。这种庞大的消费者群体数量可以推动经济快速发展。非洲还有丰富的自然资源。人口和资源红利有可能会使非洲大陆的经济总量到 2050 年达到 300 万亿美元。但人口数量的快速增长也会带来就业方面的巨大挑战。如果处理不当就可能导致移民增加，甚至带来动荡，激发恐怖主义，延长非洲对国际援助的依赖性。要解决非洲人口增长带来的挑战，使不断增长的人口成为非洲经济发展、消除极端贫困的发动机，就需要与非洲建立一种新型的、互利的伙伴关系。就英国而言，英国具有与非洲建立这种新型、互利伙伴关系的良好条件。首先，英国与很多非洲国家具有很强的历史联系，非洲还有 18 个国家是英联邦共同体的成员，它们与英国都具有共同的价值观、相似的法律框架和制度。其次，英国在非洲具有广泛的外交网络，例如，英国在非洲有 36 个大使馆和高级专员署，有 19 个英国委员会办公室和 16 个国际发展部办公室，这些联系和影响有助于英国成为非洲重要的国际伙伴。最后，英国也可以通过在七国集团、20 国集团和联合国中的作

① “UK Appoints Tobias Ellwood as the New Minister for Africa”, https://www.gov.uk/government/world-location-news/uks-new-minister-for-africa-tobias-ellwood, visited on 9 June 2021.

用发展与非洲的伙伴关系。①

埃尔伍德还就如何建立这种互利的伙伴关系提出了建议。首先，他认为，英国政府的各个部门，包括外交部、国际发展部、国际贸易部、国防部等应通力协作，共同致力于发展与非洲的伙伴关系。其次，英国对非政策的重点将集中于繁荣、安全和移民三个领域。② 繁荣、安全和移民问题三者密切相关，彼此影响，互为因果。在实现非洲繁荣方面，英国会促进对非洲的生产性投资，创造就业机会，同时支持非洲打击腐败、推动良治、加强制度能力建设，以改善营商环境，促进私有行业投资和贸易的发展。英国还会利用“脱欧”带来的机会，加强与非洲国家现有的贸易关系，同时扩大与其他非洲国家包括法语非洲国家的贸易关系。在非洲安全建设方面，英国会继续向一些非洲国家和地区提供紧急人道主义援助，帮助非洲国家打击恐怖主义，支持联合国在非洲的维和行动，遏制和消除因非法野生动植物贸易所带来的安全隐患，支持非洲国家的民主进程，以实现长期的稳定与和平。此外，英国还应加强与非洲国家和非盟的伙伴建设，以打击恐怖主义、极端主义和跨国犯罪，推动非洲问题非洲解决。在解决移民问题方面，英国除需要在解决移民问题的根源即繁荣和安全方面投入更多资源外，还需要向已逃离本国的难民和难民东道国提供相应的援助，同时需要摧毁一些人口走私、人口拐卖的跨国犯罪网络。③

① “UK Foreign Policy after Brexit: Engaging Africa”, https://www.gov.uk/government/speeches/uk-foreign-policy-after-brexit-engaging-africa, visited on 12 May 2020.

② “UK Foreign Policy after Brexit: Engaging Africa”, https://www.gov.uk/government/speeches/uk-foreign-policy-after-brexit-engaging-africa, visited on 12 May 2020.

③ “UK Foreign Policy after Brexit: Engaging Africa”, https://www.gov.uk/government/speeches/uk-foreign-policy-after-brexit-engaging-africa, visited on 12 May 2020.

埃尔伍德的上述讲话基本上确立了特蕾莎·梅政府开展对非关系的工作方法以及对非政策的重点内容，其继任者斯图尔特和鲍德温也都遵循了这一对非政策思路。斯图尔特在被任命为非洲事务部部长时就表示，“非洲是一个具有巨大潜力的大陆”，“非洲、欧洲和世界之间也存在深远的历史关系，这种关系需要得到发展和深化”，“如果英国和非洲能够相互尊重和学习，我们就能在英国和非洲之间建立一种正确的关系，这种关系可以繁荣30、40、50年”。① 2018年6月26日，时任非洲事务部部长鲍德温向英国外交政策小组发表了有关英国与非洲伙伴关系未来发展的演讲，他在演讲中再次强调了英国对于非洲的重要性，并建议采取一种“政府全体方法”（a whole-of-Government approach）加快与非洲国家建立伙伴关系。这种方法是指动员和借用英国的发展和人道主义专家，英国高水平的外交能力、政治分析能力，贸易专家、健康专家、教育专家以及军事和安全专家一起发展与非洲国家的伙伴关系。他还提到如何在贸易、投资、金融、教育、安全等领域与非洲国家建立伙伴关系，以建立一个“开放、包容、外向、致力于在世界舞台上发挥领导作用”的“全球英国”。② 显然，鲍德温有关英非关系的讲话与埃尔伍德的讲话是一脉相承的，是对埃尔伍德讲话内容的具体化。

实际上，特蕾莎·梅政府在2017年1月至2018年8月间的对非关系活动也基本上是按照上述思路开展的。在这一时期，特蕾莎·梅政府的不同部门官员密集访问非洲，而且关注的领

① “Rory Stewart looking forward to learning from and building relationships with Africa”, https://www.gov.uk/government/news/message-from-rory-stewart-minister-for-africa, visited on 12 June 2017.

② “Minister Baldwin Speech on UK-Africa Relations”, https://www.gov.uk/government/speeches/minister-baldwin-speech-on-uk-africa-relations, visited on 19 May 2020.

域也都集中在扩大伙伴关系、发展经贸联系、加强反恐安全合作、支持民主进程等。例如，仅在2017年2月一个月的时间内，英国就有包括外交大臣、首相特别代表、中东与非洲事务部部长在内的多位高官密集访问非洲，而且访问的非洲国家数量多，分布广泛。例如，2月13日，英国"预防冲突中性暴力"的首相特别代表阿尼蕾女士访问了乌干达、肯尼亚、卢旺达、布隆迪，强调了英国对预防性暴力、加强人权、实施人道主义援助的支持；2月14—15日，时任英国外交大臣鲍里斯·约翰逊接连访问了利比里亚、塞拉利昂、冈比亚和加纳四个国家，对加纳和冈比亚的民主选举表示赞赏，其中他对利比里亚和冈比亚的访问是英国外交大臣历史上的第一次；在同一时间，英国非洲事务部部长托比亚斯·埃尔伍德访问了刚果（金），表达了对刚果（金）将要举行的选举的关注；2月17日，英国首相坦桑尼亚贸易与投资特使郝里克爵士访问了坦桑尼亚，宣布通过出口信贷方式对坦桑尼亚提供7.5亿美元的贸易支持；2月20日，英国坦桑尼亚高等专员莎拉·库克女士访问了位于阿鲁沙的东非共同体总部，承诺加强与东非共同体成员国的贸易与投资联系；2月25日英国外交大臣鲍里斯·约翰逊再次出访非洲，访问埃及，并与埃及总统塞西会谈，希望加强双方的经济联系与反恐合作。①

2. 特蕾莎·梅政府的对非战略性方法

2018年8月底，英国时任首相特蕾莎·梅访问南非、肯尼亚和尼日利亚，这次访问是英非关系中的一件大事。这次对非洲三国的访问是特蕾莎·梅就任首相后首次访问非洲，使她成为2013年以来首位访问非洲的英国首相，也是1988年以来首次访问肯尼亚的英国首相，表明了英国对非洲政治、经济的再

① 上述信息来自英国政府网站：https：//www.gov.uk/。

度关注，也是英国政府在“脱欧”后谋求全球影响力的一次重要努力。① 在出访前，特蕾莎·梅表达了与非洲建立全新的伙伴关系的重要意义，这种伙伴关系“旨在寻求实现共享机遇的最大化，并应对快速发展的（非洲）大陆所面临的共同挑战”。② 特蕾莎·梅8月28日在开普敦发表了题为《英国与非洲：充满机遇的伙伴》的演讲。③ 在这篇演讲中，她提出英国和非洲应建立一种基于“共同繁荣和共同安全”之上的新的伙伴关系，支持非洲应对气候变化和人口增长的压力，同时加大对萨赫勒地区反恐的投入。为此，她承诺英国会采取多种措施扩大在非洲的投资，争取在2022年使英国成为七国集团中对非投资最多的国家。在对非援助方面，她表示英国会继续履行将国民总收入的0.7%用于国际发展援助的承诺。但她同时表示，“我们的发展援助花费不但要解决极端贫困问题，也要解决全球挑战，并支持我们自己的国家利益。这将确保我们在援助方面的投资使我们都受益，并且完全符合我们更为广泛的国家安全优先目标”。特蕾莎·梅在这篇演讲中比较全面阐述了英非新的伙伴关系的含义、英国对非政策的重点领域，用特蕾莎·梅自己的话来说，这是英国对非关系的“根本性战略转变”（fundamental strategic shift）。甚至有人认为，特蕾莎·梅在开普敦的演讲标志着自1960年以来英国对非政策的最重要改变。1960年，时

① Alex Vines OBE, Elizabeth Donnelly, “Theresa May's Focus on UK-Africa Ties is Long Overdue”, https://www.chathamhouse.org/expert/comment/theresa-may-s-focus-uk-africa-ties-long-overdue, visited on 15 May 2020.

② “Theresa May to Lead Ambitious Three-Nation Trip to Africa”, https://www.gov.uk/government/news/theresa-may-to-lead-ambitious-three-nation-trip-to-africa, visited on 9 June 2020.

③ “PM Speech in Cape Town: 28 August 2018”, https://www.gov.uk/government/speeches/pms-speech-in-cape-town-28-august-2018, visited on 19 May 2020.

任英国首相麦克米伦同样在开普敦发表了著名的“变革之风”演讲。① 为回应英国下院外交事务委员会的质询，英国外交部在2019年9月代表英国政府向该委员会提交了一份题为《超越援助：英国在非洲战略性介入》的备忘录。在这篇备忘录中，英国外交部将英国政府这种对非关系的新方式称为“战略性方式”（a strategic approach）。② 还有一些评论者包括英国政府的官员有时还将此种方式称为英国的对非新战略（a new strategy for Africa）。③

英国外交部根据时任非洲事务部部长鲍德温的证词、英国议会跨党派非洲小组的会议记录以及时任首相特蕾莎·梅在开普敦的演讲，在其2019年9月的备忘录中全面阐明了英国对非战略性方法的“五大转变”（five shifts）和“三个推手”（three enablers）。根据英国外交部的这份备忘录，为正确应对非洲人口快速增长、气候变化、社会贫困等因素带来的影响，英国政府应“采用一种一体化的、全体政府的方法”（an integrated, whole of government approach），重点关注符合非洲优先目标的五大领域的转变：繁荣、安全和稳定、气候变化和可持续自然资源管理、人口转型以及萨赫勒地区。这五大领域对英国来说并非全新的工作领域。但每一领域的最大转变是对其长期实施采

---

① Ian Mitchell and Hannah Timmis, “The New UK Partnership with Africa: From Rhetoric to Reality”, https://www.cgdev.org/blog/new-uk-partnership-africa-rhetoric-to-reality, visited on 19 March 2020.

② “Written Evidence from the Foreign and Commonwealth Office on Behalf of Her Majesty's Government (UKA0012)”, http://data.parliament.uk/writtenevidence/committeeevidence.svc/evidencedocument/foreign-affairs-committee/beyond-aid-the-uks-strategic-engagement-in-africa/written/105575.html, visited on 9 June 2020.

③ Select Committee on Internaitonal Relations and Defence, House of Lords: The UK and Sub-Saharan Africa: Prosperity, Peace and Development Co-operation, 1st report of Session 2019 - 2021, p. 21.

用一种“融合方式”（a fusion approach），即成功调动英国的全面资源增加对非洲国家的支持，同时也能够使英国更为成功地实现自己的利益。前四个领域是以问题类型划分的，这几个领域是相互影响、相互联系的，而这四类问题在萨赫勒地区表现得尤为明显，但英国对这一地区在传统上关注不够。要想成功实现这五大领域的转变，必须依赖三个推手：人员和平台、科技以及软实力。同时，还必须关注“国际参与”（international engagement）这一重要因素，并将“价值观和民主”置于英国政府工作的核心。①

英国外交部还在这份备忘录中详细列明了上述各个方面的目标及采取的措施等。② 在繁荣领域，英国政府认为更为紧密的经济伙伴关系有助于增加对非洲的投资，鼓励创造就业机会，并推动英非贸易关系。这对于寻求从援助接受者向商业和政治伙伴转型的非洲伙伴来说，可以使他们获得各自发展所需要的融资。为此，英国政府将通过英国开发金融机构（CDC）和出口信贷机构（UKEF）增加在非洲的公共和私人投资，特别是在经济设施和农业领域；提高政府收入，实现经济的公正、负责、可持续发展，最终提高日常生活水平并推动长期的减贫工作；提高非洲在全球经济中的贸易量，包括更广泛、深入地参与英国的贸易安排，使非洲产品走向世界市场；通过为英国企业创

① “Written Evidence from the Foreign and Commonwealth Office on Behalf of Her Majesty's Government（UKA0012）”，http：//data. parliament. uk/writtenevidence/committeeevidence. svc/evidencedocument/foreign-affairs-committee/beyond-aid-the-uks-strategic-engagement-in-africa/written/105575. html，visited on 9 June 2020.

② “Written Evidence from the Foreign and Commonwealth Office on Behalf of Her Majesty's Government（UKA0012）”，http：//data. parliament. uk/writtenevidence/committeeevidence. svc/evidencedocument/foreign-affairs-committee/beyond-aid-the-uks-strategic-engagement-in-africa/written/105575. html，visited on 9 June 2020，以下内容均根据该备忘录总结而成。

造更多商业机会，推动英国成为非洲主要的投资和贸易伙伴；通过英国的民间基础设施开发集团（PIDG）提供3亿英镑的援助支持非洲水、电、道路等基本设施的建设，为新的贸易和投资机会奠定基础。

在安全和稳定领域，英国政府长期以来支持联合国和非盟的维和行动，与肯尼亚、乌干达、埃塞俄比亚等非洲国家建立了有效的军事培训伙伴关系，并与尼日利亚、加纳、肯尼亚等国在打击跨国犯罪方面存在长期的双边合作。英国政府今后将在更长时期、更多关注一些上游威胁，以便减少将来对非洲和英国利益的侵害。这一领域的工作重点包括通过与非洲国家的机构合作预防和解决冲突，打击严重和有组织犯罪以推动经济更快增长，妥善解决移民问题，建立更有力的地区和国内公共卫生机制以提高应对突发疾病的弹性。

在气候变化和可持续的自然资源管理领域，今后数年，英国政府将与非洲国家政府机构和民间社会共同致力于：将气候适应性和弹性纳入长期规划中；实施《巴黎气候协定》；获得气候融资；在国际场合引导气候议题；完善对气候科技和数据的使用和理解。英国政府在这一领域的工作包括：通过鼓励各国实施联合国气候行动峰会的承诺，引领各国努力建设应对气候影响的弹性；从2020年起设立一项新的2.5亿英镑的技术援助项目，支持非洲国家提高气候弹性，并通过可再生能源实施平台在撒哈拉以南非洲支持小规模的可再生能源项目；通过英国的气候投资项目在非洲投资清洁能源项目，并确保英国的所有官方援助都符合《巴黎气候协定》；与媒体专家和非洲的创新人才及活动人士设计有效的多媒体气候通讯；以及鼓励非洲伙伴参与第26届联合国气候变化大会。

在人口转型领域，考虑到撒哈拉以南非洲有最年轻的、增长最快的人口，英国将与非洲伙伴一起致力于使他们特别是女孩获得更多的高质量教育、卫生保健（包括自愿的计划生育）；

采取措施解决性别平等问题并帮助妇女进入劳动力市场；以及创造生产性就业。英国政府在这一领域的工作包括：承诺在2022年前每年提供2.25亿英镑用于世界范围内低收入国家的自愿计划生育，其中英国政府在24个非洲国家实施的女性综合性健康项目（WISH）每年可以帮助600万夫妇获得可靠的自愿避孕；英国政府的女童教育挑战项目（GEC）将支持14个非洲国家的150万贫困女童获得教育；英国政府的高等教育创新和改革战略伙伴计划（SPHEIR）将致力于完善撒哈拉以南非洲的高等教育体制，使更多年轻人能够获得劳动力市场需求的能力培养；以及推动创造更多的就业机会，如英国政府在肯尼亚实施的催化就业基金（KCJF）就旨在在未来四年与15个公司一起为年轻人创造更多工作机会。

在萨赫勒地区，考虑到这一地区存在的长期动荡和极端贫困，英国政府会致力于实施发展影响评估，解决长期威胁，并在“脱欧”后继续支持与法国、德国和非盟等国际伙伴的联盟，以遏制对这一地区的安全和英国的利益带来的威胁，并通过提供关键的人道主义支持，确保人口迁移安全。英国政府在这一地区的工作主要包括，利用英国在国际萨赫勒联盟平台的成员资格以及英国政府萨赫勒特使提高这一地区发展援助的有效性，完善国际协调，并在萨赫勒地区政府和捐赠者之间建立相互负责机制，推动这一地区冲突、贫困和动荡问题的长期解决；利用在萨赫勒联盟性别小组的领导作用，提高精准投资，以改善这一地区的性别平等；每年提供5000万英镑支持这一地区国内社保体系的发展，以应对气候变化的影响；提供3000万英镑支持萨赫勒地区和邻近国家的教育，帮助10万名儿童获得高质量教育；扩大英国在萨赫勒地区的存在，增设马里和毛里塔尼亚大使馆，在塞内加尔首都达喀尔设立一个地区中心，在尼日尔和乍得设立新的使馆，以更好应对这一地区的威胁，保护英国利益。

英国外交部在其备忘录中认为，要成功实现上述“五大转变”，必须以人员和平台、科技及软实力这“三大推手”作为基础，同时关注国际介入以及推广英国的“价值观和民主”。在“人员和平台”方面，英国会进一步增加对非外交的人员数量，扩大在非洲的实际存在。例如，英国政府将支持参与对非工作的八个政府部门即商业、能源和工业战略部，国际发展部，国际贸易部，健康和社会保障部，外交部，内政部，税务和海关总署以及国防部在49个地方增加近400个新职位，其中75%的人员将安排在非洲。除了在尼日尔、乍得和吉布提新设使馆外，英国政府还将在斯威士兰和莱索托设立新的高级专员署，同时扩充在亚的斯亚贝巴的跨政府非盟团队，以反映非盟作为英国伙伴的重要性。在科技方面，考虑到英国政府已增加官方发展援助资助的研究和创新项目，英国会加大在非洲国家的科技和创新活动，促进非洲经济发展。英国政府会建立更多具有远见的英非科技伙伴关系，推动未来科技和创新市场的发展。在软实力方面，英国具有一些独特优势，如语言、媒体、教育、制度、文化和体育以及在英国活跃的非洲人团体等。为加强英国对非洲的软实力供给，扩大与其他国家在非洲的软实力竞争，英国政府将设立700万英镑的官方发展援助项目基金，特别用于下列领域：将英国对非洲的志奋领奖学金项目增加25%；扩展英国文化委员会在西非法语国家的英语教学项目；通过投资新的战略性沟通能力，提高英国影响非洲年轻人的能力，这会改变英国在非洲的沟通方式，包括与未来非洲领导人的沟通方式。除了这“三大推手”外，英国政府还会关注非洲的国际介入问题，考虑到越来越多的国家介入非洲事务，英国政府会继续加强与美国、欧盟、法国、德国、中国、土耳其、海湾国家以及非盟的合作和伙伴关系。同时，英国政府还特别强调在实施上述工作时，必须将“价值观和民主”置于一切工作的“核心”，促进非洲国家的良治、民主和人权。

虽然英国外交部在其备忘录中认为，英国政府已形成了对非的“战略性方法”或“战略”，但英国上院国际关系和国防特别委员会在其调查结论中指出，英国政府新的对非“战略性方法”还存在不足，“它不是一种战略，而是一些宽泛的观念和议题，而且政府对于未来如何将其付诸实施还不十分清晰”。① 例如，有的英国上院议员认为，对非“新战略性方法”看来“主要存在于首相和部长的系列演讲中”，而“没有具体的或全面的文件”，更不用说“可以用来评估其是否成功的具体目标了”。还有的英国上院议员认为，在“战略性方法”之下应该有“一系列的战略”。② 英国政府在对该委员会的回应中指出，对非战略性方法提供了一个全新的、一致的、全面的框架，有助于政府集中介入非洲大陆事务。对于非洲这样一个多样化的大陆，单一的战略文件是难以发挥作用的，制定一个非洲大陆范围的战略文件也不是通常的做法。相反，英国政府的这种战略性方法是建立在国别和地区层面的实施计划之上，它明确了英国政府如何制定项目，开展活动，以符合特定的英国或共同的优先目标以及具体国家或地区的实际情况。英国政府也在回应中强调，它会根据非洲疫情的发展情况，随时调整对非工作方法，并及时公布相关信息。③

① Select Committee on Internaitonal Relations and Defence, House of Lords: “The UK and Sub-Saharan Africa: Prosperity, Peace and Development Co-operation”, 1st report of Session 2019 – 2021, p. 27.

② Select Committee on Internaitonal Relations and Defence, House of Lords: “The UK and Sub-Saharan Africa: Prosperity, Peace and Development Co-operation”, 1st report of Session 2019 – 2021, p. 26.

③ Select Committee on Internaitonal Relations and Defence, House of Lords: “The UK and Sub-SaharanAfrica: Prosperity, Peace and Development Co-operation: Government Response”, https://committees.parliament.uk/publications/2504/documents/28421/default/, visited on 8 July 2020.

实际上，特蕾莎·梅访问非洲后的英国对非交往也都遵循了对非战略性方法的思路。例如，英国非洲事务部部长鲍德温在2018年10月访问了乌干达、埃塞俄比亚和索马里三国，以加强英国与三国的政治联系并增加对该地区难民和教育的支持，在2019年1月底他访问了南非和莫桑比克，以深化英国与两国间的伙伴关系，促进英国与两国的贸易、投资发展。① 同年2月21日，鲍德温还访问了非盟总部，与非盟签署了新的战略伙伴关系协议，并向非洲的繁荣和安全项目提供3000万英镑的援助。2018年7月接替约翰逊的英国新任外交大臣亨特在2019年4月29日至5月3日访问了塞内加尔、加纳、尼日利亚、埃塞俄比亚和肯尼亚五国，这也是英国外交大臣在近20年的时间里首次访问塞内加尔。此次访问的目的是推动英国外交在非洲的发展，包括传统上受英国影响较小的非洲法语国家。例如，亨特在塞内加尔正式宣布启动"英语联通"项目（English Connects），希望在非洲法语国家和葡语国家推动英语语言项目。对于此次访问，亨特表示，"非洲是一个快速增长的大陆，充满了经济转型的潜力。在英国将来"脱欧"后，希望能与非洲国家一起解决共同面临的威胁"，并"致力于推动英国成为整个非洲的新的可选择伙伴"。② 从英国政府官员的这些行程的内容来看，他们无非是为了加强与非洲的伙伴关系，扩大与非洲的经

① "Written Evidence from the Foreign and Commonwealth Office on Behalf of Her Majesty's Government（UKA0012）", http：//data. parliament. uk/writtenevidence/committeeevidence. svc/evidencedocument/foreign-affairs-committee/beyond-aid-the-uks-strategic-engagement-in-africa/written/105575. html; "Africa Minister Makes Two-Country Trip to Southern Africa to Deepen Partnership", https：//www. gov. uk/government/news/africa-minister-makes-two-country-trip-to-southern-africa-to-deepen-partnership, visited on 9 June 2020.

② "Foreign Secretary Jeremy Hunt：UK Wants to be Partner of Choice across Africa", https：//www. gov. uk/government/news/foreign-secretary-jeremy-hunt-uk-wants-to-be-partner-of-choice-across-africa, visited on 11 March 2020.

贸联系，扩展英国在非洲法语国家的存在和影响力，而这些无疑都是英国对非新战略的重要组成部分。

（二）鲍里斯·约翰逊政府的对非洲政策

由于“脱欧”协议无法在议会获得通过，“脱欧”进程陷入僵局，在内外交困的情况下，英国首相特蕾莎·梅在2019年5月24日发布声明，宣布在6月7日辞去英国保守党领袖一职，并在选出新的领导人后，辞去英国首相一职。7月23日，约翰逊成功当选英国保守党领袖，并在7月24日接任特蕾莎·梅成为英国新一任首相。无论是从他7月24日就任首相后发表的第一篇演讲，还是从他在7月25日在议会就政府优先事项所做的陈述来看，他就任首相后的首要任务就是解决“脱欧”问题，其次是国内的治安、教育、医疗等问题。他在两次演讲中基本没有提及英国的外交政策，更不用说对非洲的相关政策了。他明确表示，无论“脱欧”协议是否在议会获得通过，英国都将在2019年10月31日“脱欧”。所以，对于约翰逊来说，当前最迫切要应对的是如何解决“脱欧”问题，对于其他问题现在可能还无暇顾及。但无论怎样，他在7月25日的演讲中提到，会推动实现一个“真正的全球英国”，“使英国成为地球上最伟大的地方”。约翰逊政府的新任外交大臣拉布2019年8月11日在《星期日电讯报》上撰文阐述了“脱欧”后的英国所要实现的真正全球未来（a truly global future），那就是首先要加强与欧洲、美国和加拿大等传统盟友的伙伴关系，其次要深化与世界上新兴市场的联系，包括亚洲和拉丁美洲。①

① Dominic Raab, “A Truly Global Future Awaits us after Brexit”, https://www.gov.uk/government/speeches/a-truly-global-future-awaits-us-after-brexit-dominic-raab, visited on 2 April 2020.

虽然约翰逊和拉布在他们的演讲或文章中都没有明确提及英国对非洲政策，但要实现"全球英国"这一目的，约翰逊政府必然会像前任政府那样，重视与非洲国家建立伙伴关系，推动与非洲国家的经贸往来。例如，在2019年8月26日七国集团峰会上，约翰逊首相和埃及总统塞西会谈时表示，希望加强两国间的双边关系，致力于建设现代、战略性伙伴关系，同时加强两国在经济、贸易和安全领域的合作。① 在2019年10月14日召开的《金融时报》非洲峰会上，约翰逊政府的首任非洲事务部部长安德鲁·史蒂芬森（Andrew Stephenson）向与会的非洲领导人表示，英国政府与非洲发展伙伴关系的目标不会改变，约翰逊政府希望通过与非洲的持久伙伴关系加强与非洲国家在科技创新、促进投资等领域的合作，从而实现共同繁荣。他还就英国如何与非洲国家建立一种长期互利、应对共同挑战的现代伙伴关系提出了三个建议：一是加快对整个非洲大陆的长期可持续直接投资；二是与非洲伙伴一起完善各类贸易措施；三是对伙伴关系进行长期投资，也就是将实现非洲繁荣问题与非洲的长期挑战如气候变化和安全问题联系起来，共同应对这些挑战。② 2020年12月，英国时任非洲事务部部长詹姆斯·杜德里奇（James Duddridge）在英国皇家国际事务研究所发表有关未来英非关系的优先目标时表示，英国可以在英非伙伴关系中发挥重要作用，在共同价值的基础上，实现经济增长，建设弹性能力以应对英非面临的共同挑战，并推动人们追求更好和更健康的生活。他也谈到英国和非洲在贸易、投资、安全、绿色

---

① "PM Meeting with Egyptian President at G7: 26 August 2019", https://www.gov.uk/government/news/pm-meeting-with-egyptian-president-at-g7-26-august-2019, visited on 9 May 2020.

② "FT Africa Summit 2019: Minister for Africa's Speech", https://www.gov.uk/government/speeches/speech-by-andrew-stephenson-minister-for-africa-to-ft-africa-summit-october-2019, visited on 21 May 2020.

能源、反恐以及打击有组织犯罪等领域的合作。① 2021 年 9 月，维基·福特接替杜德里齐成为约翰逊政府新的非洲事务部长。同年 12 月 14 日，福特在英国皇家国际事务研究所发表题为《非洲和英国：2022 年介入的优先事项》的演讲，再次强调了英国将与非洲建立长期的伙伴关系。② 2022 年 3 月，福特再次撰文指出，英国会强化与非洲的伙伴关系，促进非洲的贸易和发展。③

可以看出，无论是特蕾莎·梅政府还是约翰逊政府，他们都将发展与非洲的伙伴关系作为对非政策的重要目标和内容。实际上，约翰逊政府没有放弃甚至是直接延续了特蕾莎·梅政府的对非战略性方法或对非战略。例如，虽然特蕾莎·梅在开普敦的演讲中比较完整阐述了英国政府对非政策的思路，但特蕾莎·梅并没有明确提出“对非战略性方法”这一概念，相反真正提出这一概念并予以系统化概括的却是 2019 年 9 月约翰逊政府时期的英国外交部。当时英国外交部在向英国下院外交事务委员会提交的题为《超越援助：英国在非洲的战略性介入》的备忘录中，基于特蕾莎·梅政府时期的政府官员演讲和文件，提出了明确的“对非战略性方法”，并且指出“这一方法旨在通过加强联系建立一种长期的、富有意义的、互利的伙伴关系，

---

① James Duddridge, “Priorities for Future UK-Africa Relations”, https://www.chathamhouse.org/events/all/research-event/priorities-future-uk-africa-relations, visited on 24 May 2021.

② Vicky Ford, “Africa and the UK: Priorities for Engagement in 2022”, https://www.gov.uk/government/speeches/africa-and-the-uk-priorities-for-engagement-in-2022-minister-for-africa-speech-at-chatham-house, visited on February 25, 2022.

③ Vicky Ford, “UK's Partnership with Africa to Boost Trade and Development”, https://www.gov.uk/government/speeches/uks-partnership-with-africa-to-boost-trade-and-development-article-by-vicky-ford, visited on May 16, 2022.

实现我们的共同利益，并为我们创造一个更为安全、健康和繁荣的未来"，"英国政府致力于推动这种方法不断前进"，并且"考虑到这是一个长期的议程，我们还处于实施的早期阶段，我们会不断地向委员会报告实施的最新进展"。①

可见，约翰逊政府时期的外交部不但认可对非战略性方法，而且将其作为一项长期议程。这也可以从约翰逊政府及其官员后来的有关对非政策的表态或有关文件中看出来。2020 年 5 月 20 日，在回答英国上院国际关系和国防特别委员会委员有关英国政府是否有非洲战略这一问题时，时任英国政府外交部非洲事务部部长杜德里奇明确回答道："我认为，我们有一个非常清晰的战略。我们依据该战略行事，并且根据该战略组织人员和资源。我做事的其中一个标准就是，这件事能否促进非洲战略?"时任英国外交部非洲司司长的哈里特·马修（Harriet Mathews）和时任英国国际发展部西部和南部非洲司司长的德比·帕尔默（Debbie Palmer）在回答该问题时也都表示，英国政府有明确的对非战略，他们的人员正根据这一战略确立的"五大转变"而工作。② 2020 年 9 月 20 日，英国政府在对英国上院国际关系和国防特别委员会的最终报告《英国和撒哈拉以南非洲：繁荣、和平和发展合作》作出回应时强调，英国

---

① Written evidence from the Foreign and Commonwealth Office on behalf of Her Majesty's Government（UKA0012），"Beyond Aid：The UK's Strategic Engagement in Africa"，http：//data. parliament. uk/writtenevidence/committeeevidence. svc/evidencedocument/foreign-affairs-committee/beyond-aid-the-uks-strategic-engagement-in-africa/written/105575. html，visited on 9 June 2020.

② Select Committee on International Relations and Defense，House of Lords，"Corrected Oral Evidence：The UK and Sub-Saharan Africa：prosperity，peace and development co-operation"，https：//committees. parliament. uk/oralevidence/420/pdf/，visited on 19 June，2021.

政府在认识到非洲快速增长的政治和经济重要性后，在2018年采用了新的对撒哈拉以南非洲的战略性方法，这一方法反映了对非洲大陆各种趋势的全面分析，包括地缘政治、贸易、经济、人口和气候变化，而且“这一方法关注到2030年及更远的时间，在这一期间，非洲国家会成为越来越重要的国际行为者”。① 2020年12月2日，英国外交部非洲事务部部长杜德里奇在英国皇家国际关系研究所发表了演讲《未来英非关系的优先目标》，他在演讲中强调了英非伙伴关系的重要性，并阐明了英国与非洲合作的一些优先目标领域，如经贸、人权、卫生、能源、安全、青年等。② 从演讲内容看，杜德里奇所列举的英非优先合作领域与对非战略性方法中的五大领域的合作非常相似。约翰逊政府对非政策最新和最正式的表述应该是在英国政府2021年3月发布的《竞争时代的全球英国：安全、国防、发展和外交政策综合评估》报告中所体现的。这篇报告有关对非政策的内容不是很多，重点强调的是与非盟、非洲国家加强伙伴关系，支持非洲的冲突解决和稳定工作，在经贸、气候变化、能源、科技等领域加强与非洲的合作。③ 因此，该报告体现的对非政策与特蕾莎·梅的对非战略性方法是一脉相承的。该

① Government Response to the Committee's UK and Sub-Saharan Africa: prosperity, peace and development co-operation inquiry, p. 1, available at https://committees.parliament.uk/publications/2504/documents/28421/default/, visited on 18 April 2021.

② James Duddridge MP, "Priorities for Future UK-Africa Relations", available at https://chathamhouse.soutron.net/Portal/DownloadImageFile.ashx? fieldValueId = 4919, visited on 21 January, 2021.

③ HM Government, "Global Britain in a Competitive Age: The Integrated Review of Security, Denfence, Development and Foreign Policy", pp. 63 – 64.

报告将作为英国政府未来 10 年的行动指引，① 可以说，约翰逊政府会继续在对非战略性方法这一整体框架下开展对非关系。

总体来看，虽然约翰逊政府从口头上或书面上延续了特蕾莎·梅政府的对非战略性方法，但在实践中约翰逊政府的一些做法却偏离了这一方法所确立的一些原则和内容。正如一些学者所评论的，“约翰逊首相对国内问题的关注表明他偏离了特蕾莎·梅的‘全球英国’叙事，而且对非洲的介入也不在议程之上”，②“虽然约翰逊没有正式放弃前任的对非战略，却对它提出了挑战”。③ 在约翰逊当选为英国首相后，还有人找到了他早期当记者时发表的一些涉及非洲的文章，认为他为英国殖民主义辩护，蔑视非洲人，是一个种族主义者，甚至称他是“英国的特朗普”，因此，“这个人（约翰逊）根本不会关心非洲，非洲人也不要幻想他有好的对外政策。他和特朗普没两样”。④ 很

---

① HM Government, “Global Britain in a Competitive Age: The Integrated Review of Security, Denfence, Development and Foreign Policy”, p. 12.

② Emily Yeates, “Global Britain and Africa beyond Brexit”, available at https: //blcgs. lse. ac. uk/africaatlse/2019/09/24/global-britain-and-africa-beyond-brexit/, visited on 19 April 2021.

③ Francois Gaulme, “Great Britain and Africa: Boris Johnson's Strategic Reversals”, Études De L' ifri, June 2021, p. 6.

④ Takudzwa Hillary Chiwanza, “African Should Know That UK's New PM Boris Johnson Is Not Their Friend. He Is Racist”, available at https: //www. africanexponent. com/post/10640-boris-johnson-views-africa-with-disgust, visited on 11 January 2021; Ndubuaku Kanayo, “The Coming of Boris Johnson, Brexit and Expectations for Africa”, available at https: //www. fairplanet. org/story/the-coming-of-boris-johnson-brexit-and-expectations-for-africa/, visited 19 January 2021; Arkebe Oqubay, “Boris Johnson's New-Model Colonial Policy”, available at https: //www. addisherald. com/boris-johnsons-new-model-colonial-policy/, visited on 21 March 2021.

难证明约翰逊早期的思想是否会对其对非政策产生影响，但他就任首相后采取的一些措施显然偏离了其前任的对非战略性方法。例如，特蕾莎·梅在开普敦的演讲中非常重视英非关系，强调发展援助在英非伙伴关系中的重要地位，表示会加强对非洲的官方援助，“使发展成为我们（英国）国际议程的中心”，以实现共同繁荣和共同安全，同时她还承诺会继续履行将0.7%的国民总收入用于发展援助。但约翰逊就任首相后不久，就主张将英国外交部和国际发展部合并，随后又将发展援助的数额从国民总收入的0.7%降为0.5%，这明显会减弱发展援助的作用。同时，约翰逊政府发布的《国家安全评估报告》强调“印太倾斜”（Indo-Pacific Tilt），这进一步淡化了英非关系。

英国国际发展部（DfID）是布莱尔工党政府为推行“道义外交”而在1997年成立的一个与外交部平行的部门，以取代此前英国外交部下设的海外发展署（ODA）。国际发展部的设立使发展援助与当时英国促进商业利益的政策脱钩，而且使非洲的发展政策问题获得了在英国内阁听证的机会，大大提升了对非洲问题的重视程度。① 显然，当时工党政府成立国际发展部的目的，是让国际发展部可以独立进行有关海外发展援助的相关事项，而无须考虑英国外交部的对外政策优先事项。英国国际发展部在国际发展援助领域特别是在一些非洲国家做出了卓有成效的成绩，极大提高了英国的国际声誉和影响力。所以，布莱尔之后的英国政府，无论是布朗的工党政府还是卡梅伦的保守党政府，也都保留了国际发展部及其权力。而且卡梅伦政府时期的国际发展部部长安德鲁·米切尔（Andrew Mitchell）还在卡梅伦的支持下，在2013年实现了联合国确定的将0.7%的国民

① 张宏明：《大国经略非洲研究》（上册），社会科学文献出版社2019年版，第215页。

总收入用于发展援助这一目标。随后在2015年英国保守党和自民党联合政府还通过《国际发展（官方发展援助目标）法》将这一目标以法律形式确定下来，以促使以后的英国政府履行这一法定义务。

特蕾莎·梅上台后，因"脱欧"而面临着巨大的国际贸易方面的压力，因此提出对非战略性方法，以加强英非之间的经贸关系，同时强调英国的对非援助应该符合英国的国家利益。这再次把英国的国家利益和国际发展援助结合起来。但特蕾莎·梅并没有干预国际发展部的工作，而且继续承诺会履行将0.7%的国民总收入用于发展援助的义务。但约翰逊另有想法。早在辞去特蕾莎·梅政府外交大臣一职后，他就向《金融时报》表示，如果"全球英国"要实现其全面潜力，就必须把国际发展部带回外交部中来。① 约翰逊就任首相后，新冠肺炎疫情的暴发为他合并这两个部门提供了难得的契机。2020年6月16日，约翰逊首相向英国下院进行口头陈述，提出要将英国外交部（FCO）和国际发展部（DFID）合并成一个新的部门——外交、英联邦和发展部（FCDO）。他在陈述中指出，新冠肺炎疫情带来的一个主要教训是，"外交和海外发展至今的区分是人为的、过时的"，"在面对今天的危机的情况下，我们有责任问一问：我们当前仍在使用的、在1997年就已作出的安排，是否仍然能够使英国的影响最大化"。约翰逊认为，新组建的英国外交、英联邦和发展部可以将援助与英国对外政策很好结合起来。在新的体制下，新的外交大臣将被授权在国家安全委员会的指导下实施英国统一的对外战略，负责有关海外发展援助项目的决策，英国的海外资源包括贸易官员也将在英国驻外使馆的授权下行事，这样就可以使英国的对外政策通过发展援助资源得到很好

① Alex Thier, "Opinion: The Death of DFID", available at https://www.devex.com/news/opinion-the-death-of-dfid-94995, visited on 18 May 2021.

的支持。①

英国外交大臣拉布在给英国下院外交事务委员会的信中解释了新的外交、英联邦和发展部的作用："新的外交、英联邦和发展部的指导性目的，是在全世界促进英国的国家利益。我们所采用的国家利益观念是一个建立在价值观以及安全和繁荣核心利益基础之上的广义观念。发展工作因此仍是新部门的主要任务。我们将继续根据《国际发展法》中我们的职责行事。我们将0.7%的国民总收入用于发展援助的义务是铭刻在法律中的。"② 虽然如此，英国下院外交事务委员会仍对两个部门的合并表示了担忧，认为两个部门的工作目标有些是相似的，可以容易地协调，但有些目标相互冲突。例如，英国外交部的其中一个目标是"促进我们（英国）的繁荣"，而国际发展部的一个目标是"促进全球繁荣"，这两个目标如何协调在有些情况下就会成为问题。③ 英国政府对此的回应是，两个部门的合并可以有效利用各自的人才和技能，将援助和外交以及英国国家利益很好地结合起来，同时可以使部门管理更为高效、经济，更好协调其他部门之间的工作。④ 虽然约翰逊政府对这一合并充满信

① "Prime Minister's Statement to the House of Commons: 16 June 2020", https://www.gov.uk/government/speeches/prime-ministers-statement-to-the-house-of-commons-16-june-2020, visited on 21 March 2021.

② Foreign Affairs Committee, House of Commons, "Merging Success: Bringing Together the FCO and DFID", https://committees.parliament.uk/publications/2058/documents/19632/default/, visited on 12 March 2021.

③ Foreign Affairs Committee, House of Commons, "Merging Success: Bringing Together the FCO and DFID", https://committees.parliament.uk/publications/2058/documents/19632/default/, visited on 12 March 2021.

④ Foreign Affairs Committee, House of Commons, "Merging Success: Bringing Together the FCO and DFID: Government Response to Committee's Second Report", https://committees.parliament.uk/publications/2704/documents/26878/default/, visited on 22 March 2021.

心，但这一做法在英国国内外遭到广泛的批评。就在约翰逊首相向英国下院宣布这一决定后不久，英国皇家非洲学会会长尼古拉斯·韦斯特考特（Nicholas Westcott）就在网上撰文指出，政府的决定"会给英国国际声誉和影响带来严重损害，特别是在非洲，因为非洲会担心这会给它带来严重的不利影响。对于英国和非洲来说，这真是一个坏消息"。尼古拉斯还认为，将国际发展部完全并入英国外交部等于是大声向世界传递了这样的信息，"从现在开始，英国会追求'英国优先'的外交政策"。①还有人更尖锐地指出，这一做法是"故意扇在发展中国家脸上的一记耳光"，"更糟的是，这恰逢非洲国家急需国际支援抗击新冠肺炎疫情和经济衰退的时刻"，"这代表着对英国1997年标志性对非政策的逆转"。②

更为甚者，约翰逊及其政府还出尔反尔，公然违背向英国下院作出的将0.7%的国民总收入用于海外发展援助的承诺，以及不再明确坚持特蕾莎·梅提出的让英国在2022年成为七国集团中在非洲的最大投资者这一目标。就在英国国际发展部并入英国外交部不久，约翰逊政府的财政大臣里希·苏纳克（Rishi Sunak）就宣布将英国的海外发展援助减少为英国国民总收入的0.5%。虽然约翰逊政府强调，这一调整是基于新冠肺炎疫情给英国经济带来严重冲击影响做出的，在英国经济好转时，英国政府就会恢复0.7%的水平，而且调整后英国政府每年的海外发展援助仍高达100亿英镑，英国仍然是七国集团中第三大捐赠

① Nicholas Westcott, "The Death of DfID", available at https://royalafricansociety.org/the-death-of-dfid/, visited on 19 June 2021.

② Arkebe Oqubay, "Boris Johnson's New-Model Colonial Policy", available at https://www.addisherald.com/boris-johnsons-new-model-colonial-policy/, visited on 21 March 2021.

国以及实际上最大的双边人道主义捐赠国,[①] 但这一做法仍令许多人感到震惊和不可理解。在 2020 年 2 月刚被任命为英国海外领地和可持续发展大臣的保守党人伊丽莎白·苏格（Baroness Elisabeth Sugg）在得知这一消息后马上提出辞呈。她在公开的辞职信中强调，在目前疫情肆虐时期，减少英国援助是逆时而动，这样的决定是“根本错误的”，它会损害为推动“全球英国”而付出的努力，特别是考虑到“解决诸如疫病、气候变化和地区冲突等此类全球性问题是完全符合我们的国家利益的”。[②] 曾经担任过英国国际发展部部长的安德鲁·米切尔也认为，这样的做法是“战略性错误，会带来灾难性后果”，会破坏英国成为“向善的力量”这一远大抱负，会向世人表明英国将远离国际援助事务。[③]

2018 年，特蕾莎·梅在开普敦的演讲中明确宣布，英国将在 2022 年成为七国集团中在非洲的最大投资者，但在 2020 年 1 月于伦敦召开的首届英非投资峰会上，约翰逊在其演讲中没有再坚持这一目标，而是含糊其辞地提出要让英国成为非洲国家的优选投资伙伴（partner of choice）。针对英国上院国际关系与国防特别委员会提出的为什么不再坚持特蕾莎·梅宣布的明确目标而是采用优选投资伙伴这一模糊概念的问题，约翰逊政府的非洲事务部部长杜德里奇的回答是，考虑到英国在非洲的竞争者越来越多，特别是中国在非洲“抢走了”更多的投资机会，要实现此前的明确

---

① “Government Sets out Conditions for Returning to 0.7% Aid Target”, https://hmtreasury-newsroom.prgloo.com/news/government-sets-out-conditions-for-returning-to-0-7-percent-aid-target, visited on 28 July 2021.

② Francois Gaulme, “Great Britain and Africa: Boris Johnson's Strategic Reversals”, Études De L' ifri, June 2021, p. 15.

③ Amelia Hadfield and Nicholas Wright, “Fog in Channel? The Impact of Brexit on EU and UK Foreign Affairs”, European Union Institute for Security Studies, Brief 13, June 2021, p. 3.

目标对于英国来说会越来越难。英国上院国际关系与国防特别委员会在其报告中认为，特蕾莎·梅设定的目标过于雄心勃勃，它很难实现，但约翰逊政府采用"优选投资伙伴"而不是设定一个正式的对非投资目标，又过于含糊，它很难量化和评估，这可能会被认为是在政府的优先目标中将非洲降级了。①

约翰逊政府在2021年3月发布的《竞争时代的全球英国：安全、防务、发展和对外政策综合评估报告》提出了"印太倾斜"战略，这被认为是进一步弱化英非关系、偏离对非战略性方法的举动。这篇报告认为，基于印太地区对英国经济和安全方面的重要性，英国应深化在该地区的介入，建立更多、更长久的存在。鉴于英国战略在印太地区的倾斜，它自然就不会更多关注非洲地区。因此，该报告有关非洲的内容不是很多，只是简单提到与非盟、重要非洲国家建立伙伴关系，并继续支持非洲的反恐、维和等行动。② 甚至该报告中有关英国与非盟伙伴关系的内容也不同于2019年2月特蕾莎·梅政府与非盟签订的关于建立战略性伙伴关系的谅解备忘录中的内容。英国和非盟在谅解备忘录中表示双方应加强在下列五个支柱领域（five pillars）的合作：强化弹性；鼓励对非可持续转型的投资；移民和人员流动；推动多边主义和以规则为基础的国际体系；以及对人员进行投资。这五大支柱领域的内容显然与英国的对非战略性方法所确立的"五大转变"有很大的重合度和相似性。③ 而

① House of Lords Select Committee on Internatonal Relations and Defense, "The UK and Sub-Saharan Africa: Prosperity, Peace and Development Cooperation" (1st Report of Session 2019 – 21), p. 28.

② HM Government, "Global Britain in a Competitive Age: The Integrated Review of Security, Denfence, Development and Foreign Policy", pp. 63 – 64.

③ https://committees.parliament.uk/writtenevidence/151/pdf/, visited on 12 April 2021.

在《竞争时代的全球英国：安全、防务、发展和对外政策综合评估报告》中，英国和非盟合作的领域包括气候和生物多样性；全球卫生安全；自由贸易；危机管理；冲突解决和调解；妇女、和平和安全议程；以及促进良治和人权。不难看出，报告中的主题更为多样化，内容更为分散，且优先关注的领域是气候和生物多样性，这似乎偏离了此前英国和非盟伙伴关系中的五大支柱领域。①

约翰逊政府之所以总体上延续特蕾莎·梅政府的对非战略性方法但又有所偏离，是由许多因素造成的。首先是“脱欧”后的英国发展。约翰逊政府时期，“脱欧”已成定局，毫无悬念，并在2020年1月31日正式“脱欧”。“脱欧”后，如何保持英国的全球影响力以及对外经贸关系也是约翰逊政府必须考虑的重要问题。因此，约翰逊政府坚持了“全球英国”理念，强调与非洲深化伙伴关系，扩大经贸联系。其次，约翰逊政府时期新冠肺炎疫情暴发所导致的国内严峻的经济形势使他更加注重英国国家利益，将国际发展部并入外交部，使国际发展援助符合英国的外交需求，甚至降低国际发展援助在国民总收入中的比例，以缓解国内经济紧张形势。再次，配合美国政府对外战略，强调向“印太倾斜”，对非洲关系进一步淡化。拜登政府上台后加大了在亚太的布局，以“对抗中国的影响力”，同时拜登政府还修补与欧洲国家的伙伴关系。在这种情况下，约翰逊政府投美国所好，特别注重发展与美国的特殊伙伴关系，将外交重心转向印太。最后，约翰逊个人早期对非洲的态度也可能在一定程度上影响了他的对非政策。在上述多重因素的影响下，约翰逊政府在发展对非关系时特别注重影响英国国家利益的一些领域，特别是经贸、气候变化、反恐等领域。这也可以

① Francois Gaulme, “Great Britain and Africa: Boris Johnson's Strategic Reversals”, Études De L' ifri, June 2021, p. 20.

从约翰逊政府的对非实际交往中看出来。例如，在经贸领域，约翰逊政府在2020年1月20日举办了首届英非投资峰会，他在峰会演讲中强调让英国成为非洲的优选投资伙伴，并宣布了多项深化英非经贸关系的举措。约翰逊政府还加强与许多非洲国家的经贸伙伴关系，例如，截至2021年6月，约翰逊政府同摩洛哥、阿尔及利亚、喀麦隆、加纳等许多非洲国家签署了贸易伙伴关系协定，与肯尼亚和南部非洲关税同盟以及莫桑比克签署了经济伙伴关系协定等。在气候变化领域，约翰逊在首届英非投资峰会上明确宣布，英国的发展援助将不再投资非洲的任何煤电项目，而是支持向低碳、零碳的绿色清洁能源转型。英国政府还与南非、尼日利亚、埃及等国政府加强了气候变化、绿色能源等领域的合作，还在2021年3月31日召开气候和发展部长会议，并设立了116亿英镑的国际气候融资基金，以应对气候变化，维护生物多样性。此外，英国政府还决定在2021年11月在格拉斯哥召开第26届联合国气候变化大会。

二　“脱欧”公投后英国与非洲合作的领域与效果

对非政策是英国政府“全球英国”理念的一个具体缩影。“全球英国”是英国政府为应对“脱欧”以及不断变动的世界秩序而提出的一种应对之策，但英国政府并未对“全球英国”这一对外政策理念进行清晰的界定。2018 年 3 月，英国外交部在回答英国下院外交事务委员会有关“全球英国”的质询时指出，“全球英国”这一概念简明表达了在未来数年英国应对变化、继续成为成功的全球对外政策行动者，以及抵制英国更少介入世界这种想法的决心。“它旨在表明，英国会继续开放、包容、外向，保持自由贸易，坚定维护英国利益和价值，并坚决提升我们（英国）的国际地位和影响力。”“它是一个具有全球存在的英国，活跃在各个地区；它是一个具有全球利益的英国，与我们的盟友和伙伴致力于实现全球安全与繁荣，从而也使我们的安全与繁荣得到保证；并且它是一个具有全球视野的英国，介入世界的每一领域，并相互影响。”① 不过，英国下院外交事务委员会在其报告中仍然认为，“全球英国”缺乏清晰的界定，只是“不具有实质内容的口号”，“关于

---

① Written Evidence- Foreign and Commonwealth Office（FPW0027），available at https：//publications. parliament. uk/pa/cm201719/cmselect/cmfaff/780/78008. htm#_ idTextAnchor035，visited on 12 May 2020.

'全球英国'唯一清楚的是，不清楚它到底是何含义，它代表着什么或如何评估其成功与否"。[1] 不过，英国下院外交事务委员会指出，从英国首相、外交大臣和其他官员发表的有关"全球英国"的演讲中可以看出，"全球英国"主要有四个关键短语："国际视野"（international outlook），"旧友新伴"（old friends and new allies），"支持以规则为基础的国际秩序"（support of the rules-based international systems）以及"自由贸易"（free trade）。实际上，后来的英国外交大臣亨特和拉布还为"全球英国"增加了第五个关键短语，即"民主与价值观"。[2] 综合看来，"全球英国"在政治上强调伙伴关系，主张构建更为广泛的外交网络以维护英国利益，彰显全球大国的作用和影响；在经济上强调自由贸易，坚持多边主义，反对贸易保护主义，努力通过扩大自由贸易促进全球繁荣，从而也实现英国的进一步繁荣；在意识形态上，宣扬英国的"民主和价值观"，在气候变化、人权、野生动植物保护、反恐等全球性问题领域发挥英国的引领作用，主张通过加强英国软实力，增强英国的国际影响和声誉，从而为英国作为"一种向善的力量"这一口号造势。

虽然英国政府提出了"全球英国"理念，但英国外交部在其向英国下院外交事务委员会提交的备忘录中强调："我们的战略性外交政策目标没有改变：保护我们的人民，发挥我们的影

---

① House of Commons Foreign Affairs Committee, "Global Britain" (sixth report of session 2017 – 19), Appendix: Memorandum from the Foreign and Commonwealth Office, p. 5.

② Jeremy Hunt, "An Invisible Chain", https://www.gov.uk/government/speeches/an-invisible-chain-speech-by-the-foreign-secretary; Dominic Raab, "Global Britain Is Leading the World as a Force for Good"; https://www.gov.uk/government/speeches/global-britain-is-leading-the-world-as-a-force-for-good-article-by-dominic-raab, visited on 23 July 2020.

响以及促进我们的繁荣。"① 在接受英国上院国际关系特别委员会调查时，甚至还有人认为，在"全球英国"背景下，英国对外政策并没有太大转变，不过英国在以下三个方面行事"有点不同"：首先，它在构建全球外交网络（大使馆和高级专员署）中投入更多；其次，它不断增加职员以提升某些岗位的能力；最后，它更加注重发展双边关系以及多边和地区关系。② 从英国外交部在 2018 年 3 月提交英国下院外交事务委员会有关回应"全球英国"的质询的备忘录来看，在"全球英国"理念下，英国会继续在下列全球问题上发挥领导作用和积极开展合作：当代奴隶行为、反恐、移民。同时，英国还将在气候变化、性别平等特别是女童教育、多边机构改革以及打击非法野生动植物贸易方面在全球场合发挥更大作用。在保持海外影响方面，英国将在北美特别是美国、欧洲及其邻国以及印太地区保持影响。英国外交部认为在这些地区保持影响事关"全球英国"的成败。同时，英国外交部也认为，要全面实现"全球英国"愿景，英国还需要在所有地区和机构中，在以规则为基础的国际秩序和重要的全球性问题方面发挥积极影响。③

在"脱欧"公投后，英国政府官员包括首相、外交大臣、非洲事务部部长、国际发展部部长等都在不同场合强调了非洲对于英国的战略和地缘政治的重要性。例如，在政治方面，非洲地区在联合国拥有数量最多的成员国；在经济方面，非洲拥

① House of Commons Foreign Affairs Committee, "Global Britain" (sixth report of session 2017 - 19), Appendix: Memorandum from the Foreign and Commonwealth Office, p. 20.

② House of Lords Select Committee on International Relations, "UK Foreign Policy in a Shifting World Order" (5th Report of Session 2017 - 19), p. 75.

③ House of Commons Foreign Affairs Committee, "Global Britain" (sixth report of session 2017 - 19), Appendix: Memorandum from the Foreign and Commonwealth Office, p. 21.

有一些经济发展最快的国家，拥有快速增长的人口，到2050年世界四分之一的消费者将来自非洲；非洲还面临许多重要的全球性问题，如气候变化、减贫、反恐、移民、非法野生动植物贸易等。此外，非洲地区还越来越引起其他国家的关注，如中国、印度、日本、俄罗斯等。英国上院国际关系和国防特别委员会在其2020年7月有关英国与非洲关系的报告中也强调，非洲“是一个英国确实可以改变的地区”。[①] 实际上，英国外交部在2018年3月提交英国下院外交事务委员会的备忘录中就指出，“显然，我们对非洲的关注需要改变和发展。我们应充分做好准备以应对那些可能会对英国带来直接影响的威胁：人口增长、贫困、气候变化以及重大安全问题；并且随着非洲城市化进程的发展，我们应抓住不断增长的市场中的机遇”。[②] 正是在这样的背景下，特蕾莎·梅在2018年8月访问非洲时提出了英国的“对非战略”。随后的约翰逊政府虽然对这一战略稍微做了调整，但从整体上看，仍然坚持了这一战略框架。

从内容上看，英国政府的“对非战略”所包含的“五大领域”“三大推手”和工作“核心”与“全球战略”理念是一脉相承的，并且又考虑到了非洲的实际情况。因此，从这个意义上讲，英国“对非战略”是“全球英国”理念的缩影和具体化。整体而言，英国“对非战略”关注的领域也主要集中在政治、经济、安全、气候变化、“软实力”、“民主和价值观”等领域。下面将从政治、经济、和平和安全、文化领域对英国对非政策进行分析，并对其成效进行评估。为论述的方便，“对非

① House of Lords Select Committee on International Relations and Defense, “The UK and Sub-Saharan Africa: Prosperity, Peace and Development Cooperation” (1st report of Session 2019 – 21), p. 5.

② House of Commons Foreign Affairs Committee, “Global Britain” (sixth report of session 2017 – 19), Appendix: Memorandum from the Foreign and Commonwealth Office, p. 25.

战略”五大领域中的“繁荣”内容将在经济部分中分析，“安全和稳定”与“萨赫勒地区”的内容将在“和平与安全”部分中分析，而有关“人口转型”“软实力”等内容将在文化领域部分中分析。

（一）英国与非洲的政治合作及效果

英国“脱欧”公投以来的对非政策与“全球英国”这一理念相伴而生。“全球英国”是英国为应对“脱欧”以及国际权力格局分化组合这一大背景下提出来的。“脱欧”公投后，无论是特蕾莎·梅政府还是约翰逊政府都必须考虑英国对外政策包括对非政策的重新定位。如前所述，包括特蕾莎·梅和约翰逊在内的一些英国政府官员都在不同场合从不同角度对“全球英国”理念以及英国对外政策进行过阐释。英国议会上下两院也对“脱欧”公投后英国对外政策表现出极大关注。自2017年以来，围绕“全球英国”以及英国对外政策，英国下院外交事务委员会和上院国际关系和国防特别委员会先后进行过多次调查并发布多份报告，如《全球英国》《全球英国和2018年英联邦峰会》《全球英国：保护的责任与人道主义干涉》《全球英国：人权与法治》《实现“全球英国”：外交部技能》《变动世界秩序中的英国对外政策》《一个勇敢的新英国？英国国际政策的未来》等。其中有些报告还专门涉及英国与非洲的关系，如《英国与撒哈拉以南非洲：繁荣、和平与发展合作》《在尼日利亚实施综合评估》等。这些报告以及英国政府对这些报告的回应也是了解英国对非政策的重要来源。

1. 英国与非洲政治合作的特点

综合2017年1月以来英国政府官员的讲话、英国议会的报告和英国政府对议会报告的回应以及英国官员的对非活动，可以基本归纳出这一时期英国对非政治合作表现出如下几个重要特点。

（1）强调伙伴关系

在“脱欧”背景下，英国政府非常强调与非洲国家和组织以及与其他国家和组织在非洲的伙伴关系。实际上，早在2002年布莱尔担任英国首相的第一个任期，他就强调了与非洲国家以及其他国家建立伙伴合作关系。同年布莱尔首相还推动八国集团通过了《非洲行动计划》，将西方国家与非洲国家的伙伴关系正式化，同时主张通过援助、减债、贸易投资以及维和与安全等多种手段结束非洲的“危机”。2007年5月，布莱尔首相在南非大学发表演讲时指出，希望与非洲领导人和非洲国家建立一种新型的伙伴关系：不是建立在富国与穷国或捐赠者与接受者之间的基础上，而是建立在公正、民主和人权这些共同价值基础之上的伙伴关系，一种基于信任和平等的伙伴关系。① 但布莱尔首相在任期内并未能建立一种有效的伙伴关系解决非洲问题，此后英国政府鲜有提及与非洲的伙伴关系。在“脱欧”公投后，考虑到英国面临的国内和国际局势，英国政府再提伙伴关系，并试图赋予它新的含义和内容。例如，2017年4月时任非洲事务部部长埃尔伍德在英国皇家国际事务研究所发表《“脱欧”后的英国对外政策：介入非洲》演讲时指出，如果英国能够很好地解决非洲人口快速增长的问题，实现非洲的繁荣，这将是“援助和依赖这一旧的循环的终结，是与非洲新的伙伴关系的开始”，“一种实现互利的伙伴关系”。埃尔伍德还阐明了英国与非洲建立伙伴关系的优势，包括历史联系、英国的外交网络、英国在一些国际组织中的领导作用等，以及与非洲建立适合21世纪的现代伙伴关系的方式，即重点关注繁荣、安全和

① 张宏明：《大国经略非洲研究》（上册），社会科学文献出版社2019年版，第216页。

移民三个领域。[①] 2018 年 6 月，时任非洲事务部部长鲍德温在向英国对外政策小组谈及英国与非洲的未来伙伴关系时指出，英国正与非洲建立一种伙伴关系，以解决共同的威胁，并支持非洲在解决自己的问题中发挥主导作用。“英国已经是——并将继续成为——非洲和平、安全和稳定的坚定伙伴。”[②] 随后在 2018 年 8 月，特蕾莎·梅首相在开普敦的演讲中再次重申，英国与非洲将在共同繁荣和共同安全基础上建立一种新的伙伴关系。特蕾莎·梅还表示，“真正的伙伴关系不是一方一厢情愿地为另一方做事，而是国家、政府、企业和个人秉着负责的精神共事，以实现共同的目标”；“我将致力于利用英国政府的每一杠杆支持为后代带来利益的伙伴关系和理念”。[③] 约翰逊在 2019 年 7 月接任英国首相后，在对非关系方面总体上遵循了特蕾莎·梅政府的对非战略，包括与非洲的伙伴关系。例如，约翰逊首相在 2020 年 1 月召开的首届英非投资峰会的演讲中用一些事例说明，英国与非洲正在建立一种对双方有利的伙伴关系，这是“一种解决共同问题的观念、设备和金融的交换”“一种使我们所有人受益并会带来持久改变的关系”。[④]

这种新的伙伴关系不同于以往的伙伴关系。正如英国上院国际关系与国防特别委员会在其报告中所做的结论，英国与非洲国家及其地区性组织的未来关系需要建立在一种真正的伙伴

① https：//www. gov. uk/government/speeches/uk-foreign-policy-after-brexit-engaging-africa，visited on 22 May 2020.

② https：//www. gov. uk/government/speeches/minister-baldwin-speech-on-uk-africa-relations，visited on 22 May 2020.

③ https：//www. gov. uk/government/speeches/pms-speech-in-cape-town-28-august-2018，visited on 22 May 2020. https：//www. gov. uk/government/speeches/pm-africa-investment-summit-speech-20-january-2020，visited on 22 May 2020.

④ https：//www. gov. uk/government/speeches/pm-africa-investment-summit-speech-20-january-2020，visited on 19 March 2021.

关系之上，而在过去并不总是这样。① 为了让更多人了解英国与非洲的这种新的伙伴关系，英国外交部、国际发展部、国际贸易部等部门还联合专门设立了"英国与非洲伙伴关系"网站。该网站介绍了英国与非洲建立伙伴关系的背景以及这种新的伙伴关系所关注的主要领域。考虑到非洲快速增长的年轻人口数量，非洲国家面临急剧变化。因此，英国政府对非战略是与非洲国家建立一种长期的、互利的伙伴关系。这种伙伴关系建立在双方追求一个更为安全、健康和繁荣的未来这一共同利益基础之上。② 英国政府的对非战略就是要为此类伙伴关系的建立提供支持，并越来越多地关注如下领域：促进非洲的包容性经济增长；将安全和稳定作为保护人民和实现繁荣的最根本基础；关注气候变化和可持续的自然资源管理；在教育、健康、就业领域对人民进行投资；以及英国更多地介入萨赫勒地区并扩大在这一地区的存在。③

从英国议会的报告、英国政府对报告的反应以及英国政府官员的讲话和行动可以看出，英国与非洲的新的伙伴关系更加强调的是一种全方位的、兼具多边和双边的关系。具体而言，英国政府会更加注重与非盟、非洲地区性组织以及重要非洲国家建立伙伴关系。英国政府认为，作为非洲大陆重要的多边组织以及作为以规则为基础的国际秩序的领军者，非盟会成为英国重要的伙伴，而且与非盟合作也是英国对非战略的重要内容。④ 因此，特蕾莎·

① House of Lords Select Committee on International Relations and Defense, "The UK and Sub-Saharan Africa: Prosperity, Peace and Development Cooperation" (1st report of Session 2019 - 21), p. 6.

② https: //www. gov. uk/government/topical-events/uks-partnerships-with-africa, visited on 19 April 2021.

③ https: //www. gov. uk/government/topical-events/uks-partnerships-with-africa, visited on 19 April 2021.

④ The Foreign and Commonwealth Office—Written Evidence (ZAF 003), p. 3.

梅首相在开普敦发表对非战略演讲后不久，就给非盟委员会主席法基写信，表达了与非盟建立战略伙伴关系的愿望。2019年2月，英国时任非洲事务部部长鲍德温访问非盟并与非盟委员会主席法基一起签署了《非盟和英国政府官员伙伴关系正式化的谅解备忘录》。根据该备忘录第3条，英国与非盟的战略伙伴关系将关注五大领域的合作：加强弹性建设（resilience）；为非洲可持续转型动员投资；移民和人的流动；推动多边主义和以规则为基础的国际秩序；以及对人民进行投资。这五大领域与英国对非战略的五大内容十分相似，而且与非盟《2063年议程》的目的相契合。① 为了推动建立更加紧密的战略伙伴关系，双方还决定每年举办高水平对话，对非洲大陆面临的重要问题进行政策协调，并在具体的互利领域提供项目支持。② 该备忘录的签署被认为是英国和非盟"在一些确定的优先事项领域建立一种联合的、平等的伙伴关系方面迈出了重要的一步"。③ 非洲其他地区性组织如南共体、东共体、西共体等，是在各自地区内解决相关问题和危机的重要机构，英国议会上院国际关系与国防特别委员会认为，英国政府应继续关注这些地区性组织。④ 此外，考虑到非洲有19个国家是英联邦共同体的成员，并且还有一些非洲国家正打算申请加入该组织，英国政府也应加强与英

① The Foreign and Commonwealth Office—Written Evidence（ZAF 003），p. 4.

② Art. 2 of the Memorandum of Understanding Between the African Union and The Government of the United Kingdom of Great Britain and Northern Ireland Concerning the Formalization of a Partnership.

③ House of Lords Select Committee on International Relations and Defense, "The UK and Sub-Saharan Africa：Prosperity, Peace and Development Cooperation"（1st report of Session 2019 –21）, p. 43.

④ House of Lords Select Committee on International Relations and Defense, "The UK and Sub-Saharan Africa：Prosperity, Peace and Development Cooperation"（1st report of Session 2019 –21）, pp. 45 –48.

联邦共同体的关系，并与该组织的非洲成员探讨如何加强它在非洲的工作以及扩大与非洲的人文交流等事项。① 英国政府也一直重视与非洲重要国家的伙伴关系。英国外交部在其2018年2月有关“全球英国”的备忘录第三部分“英国的海外影响”谈及非洲地区时指出，非洲的新兴大国在为所有非洲人塑造一个更为安全和繁荣的未来方面可以发挥重要作用，包括通过它们在非盟和地区性组织中的影响力。因此，与尼日利亚、肯尼亚、埃塞俄比亚、南非等非洲地区性大国建立并维护一种有力的伙伴关系，也是英国对非长期战略的重要方面。② 例如，2020年1月，英国首相约翰逊与来访的肯尼亚总统肯雅塔发表联合声明，宣布将两国关系提升至战略伙伴关系，并在相互繁荣、安全和稳定、可持续发展、气候变化与人文交流五个领域加强合作。③

在与非洲加强伙伴关系时，英国政府还非常重视与非洲的其他伙伴在非洲的关系。其他地区性组织或国家近年来也十分重视与非洲建立伙伴关系，如欧盟、法国、美国、日本、中国、俄罗斯、印度等。这些地区性组织或国家近年来与非洲开展伙伴关系的力度和深度甚至超过了英国。因此，在与非洲建立新型伙伴关系时，英国需要考虑处理好与它们的关系。例如，在分析英国与非盟的伙伴关系时，英国议会上院国际关系与防务特别委员会还专门提及非盟与其他地区性组织或国家已经建立的战略性伙伴关系，如欧盟、法国、德国、日本和中国与非盟的伙伴关系，以及他们在与非盟发展伙伴关系时所采取的一些

① House of Lords Select Committee on International Relations and Defense, “The UK and Sub-Saharan Africa: Prosperity, Peace and Development Cooperation” (1st report of Session 2019 – 21), p. 51.

② Written Evidence-Foreign and Commonwealth Office (FPW0027).

③ https://www.gov.uk/government/news/uk-kenya-strategic-partnership-2020 – 2025, visited on 19 April 2021.

做法。① 英国议会上院国际关系与防务特别委员会还针对这些地区性组织和国家的对非政策，就如何协调英国与他们在非洲的关系提出了有针对性的建议。对于欧盟，英国应继续与其在对非政策上保持协调，英国新的对非合作方式应考虑到在具有共同利益的问题上能够与欧盟成员国和机构进行合作；对于法国，英国与其在撒哈拉以南非洲特别是在萨赫勒地区具有共同利益，因此双方应摒弃对手的观念，在非洲涉及共同利益问题上紧密合作；对于美国，如果特朗普政府改变对非采取的冷淡态度，英国应考虑在对非政策方面积极与其主要盟友进行沟通；对于中国，英国与其在非洲的利益并不总是一致，但双方一些领域存在利益重叠，因此，英国政府应考虑在具有共同利益的问题上如非洲地区的稳定问题与中国沟通，在适当情况下，英国应寻求与中国在债务、健康、气候变化、经贸等领域进行建设性合作，特别是通过多边机构，同时要注意维护英国的国家利益和价值。②

（2）调整部门机构

英国对外政策以实用和灵活著称。特别是进入 21 世纪后，英国历届政府都非常重视与非洲的政治合作，并根据国内国际形势的变化以及非洲的实际情况，灵活调整相关机构的设置和功能，以便更好地发展与非洲国家的关系。③ 英国在 2016 年 6 月举行“脱欧”公投后，针对“脱欧”后英国可能面临的国内国际形势，也对其国内机构进行了相应的调整。例如，为了专

---

① House of Lords Select Committee on International Relations and Defense, “The UK and Sub-Saharan Africa: Prosperity, Peace and Development Cooperation” (1st report of Session 2019 – 21), pp. 44 – 45.

② House of Lords Select Committee on International Relations and Defense, “The UK and Sub-Saharan Africa: Prosperity, Peace and Development Cooperation” (1st report of Session 2019 – 21), pp. 32 – 33.

③ 张宏明：《大国经略非洲研究》（上册），社会科学文献出版社 2019 年版，第 235 页。

门负责“脱欧”事宜，英国政府在2016年7月14日设立了“脱欧”部（DExEU）。2020年1月31日，英国正式“脱欧”后，该部门随之解散。英国政府在“脱欧”公投后所进行的部门调整中，有两个部门的调整值得关注，它们在很大程度上会影响英国对非洲政策。这两个部门分别是英国国际贸易部和英国外交与发展部。

英国国际贸易部的设置几经调整。为更好促进英国的对外贸易与投资，英国工党政府在2003年10月将此前的国际贸易部更名为贸易与投资部。卡梅伦联合政府时期，为了推行商务外交，在外交部内增设了商务与经济外交处并增加在非洲国家的大使馆数量。此外，还专门向非洲国家派出贸易特使、繁荣官员等。① 英国“脱欧”公投后，英国政府提出“全球英国”对外政策理念，声称英国将更为开放和外向，作为传统的自由贸易国家，英国将更为自主地与其他国家开展贸易。为了避免“脱欧”对其对外贸易带来的不利影响，促进英国商品出口，2016年7月，特蕾莎·梅政府又将英国贸易和投资部更名为国际贸易部。重新组建的英国国际贸易部的目标是，通过推动和资助国际贸易和投资以及倡导自由贸易，确保英国和全球的繁荣。为此，它设定了四个优先任务：力争达成世界一流的自由贸易协议并减少市场准入障碍，确保消费者和企业能从中受益；通过吸引并保留内向投资，实现英国各地的经济增长；支持英国企业全面利用所有的贸易机会，包括那些来自由贸易协议的机会，推动英国出口；以及倡导以规则为基础的国际贸易体系并实施英国新的贸易制度，包括保护英国企业免受不公平贸易实践的影响。②

① 张宏明：《大国经略非洲研究》（上册），社会科学文献出版社2019年版，第235页。

② https：//www. gov. uk/government/organisations/department-for-international-trade/about，visited on 21 April 2021.

在“脱欧”背景下，英国国际贸易部十分重视与非洲的贸易。2018 年 6 月，英国国际贸易大臣任命了 9 名女王贸易专员（HM Trade Commissioner），分别负责 9 个地区，其中就有非洲地区。① 非洲地区的女王贸易专员应与英国驻外机构密切合作，协调英国政府的工作，在整个非洲地区推动英国的贸易和投资。非洲地区的女王贸易专员还要对国际贸易部在非洲的所有工作负责，包括推进英国和非洲的双边贸易和投资关系，提高英国公司包括中小企业进入非洲市场的机会，并制定金融和贸易政策。此外，为了避免“脱欧”后一些非洲国家无法利用欧盟与他们的贸易协定同英国开展贸易，国际贸易部成立后就与很多非洲国家和地区开启了贸易协定谈判。在 2020 年 1 月 31 日，英国正式“脱欧”前，英国已与埃及、摩洛哥、科特迪瓦、加纳、喀麦隆、南部非洲关税同盟和莫桑比克贸易集团等达成了贸易协定，这可以使英国与这些非洲国家和地区的贸易不会受到“脱欧”的影响。

2020 年 9 月英国外交部与国际发展部的合并不但是英国政府机构重组的大事，也是影响英国对非政策的一件大事，因为国际发展部所负责的对外援助工作很多是针对非洲国家的。布莱尔政府在 1997 年成立国际发展部的目的是为了推行其“道义外交”，使英国的发展援助与英国促进商业利益的政策脱钩，这对于促进英国对非援助发挥了重要作用。② 在“脱欧”公投前，国际发展部具有很大的权力和独立性，它是与英国外交部平行的一个部门，负责对外援助资金的分配。英国在 2013 年将对外援助资金提高到国民总收入的 0.7% 后，国际发展部每年负责分配的对外援助资金高达 150 亿英镑左右。“脱欧”公投后，英国

① 这九个地区分别是亚太、非洲、东欧和中亚、欧洲、中东、中国、拉美、南亚和北美。

② 张宏明：《大国经略非洲研究》（上册），社会科学文献出版社 2019 年版，第 235 页。

政府在面临国内国际形势巨变的情况下，开始考虑利用对外援助来谋求英国的国家利益，让对外援助服务英国对外政策。特蕾莎·梅在开普敦的演讲被认为是英国对非政策的重大转变。她在演讲中明确提出，英国的发展援助必须服务英国的国家利益。但特蕾莎·梅在任期间，并未对国际发展部进行根本改变，而只是通过人员安排来削弱国际发展部的权力，淡化其独立性。例如，特蕾莎·梅时期任命的三位国际发展部部长有两位没有非洲和发展援助工作的经历，一位在就任国际发展部部长前仅担任过六个月的非洲事务部部长，其中特蕾莎·梅政府时期的第一位国际发展部部长帕特尔（Priti Patel）还倾向于认为，贸易而不是援助才是发展的工具。①

约翰逊就任首相后，开始对国际发展部进行大刀阔斧的改组。他当选首相后在2020年2月13日进行的第二次政府组阁，被认为是海外发展援助不再在对非关系中占据优先地位的标志性事件。② 虽然国际发展部部长名义上仍负责对外援助事项，但他不能独立地作出决定，而是由四个负责不同地区的部长共同决定，并需要向外交部和国际发展部分别进行报告。这只是约翰逊政府协调对外政策、维护英国国家利益的第一步。长期以来，英国国际事务的不同方面分别由不同政府部门负责，如外交部、国防部、国际发展部、国际贸易部、"脱欧"部、企业和工业战略部等。这种国际事务的不同部门的"独奏化"现象被

① 例如，帕特尔在被特蕾莎·梅任命为国际发展部部长之前曾担任负责就业的议会副国务大臣。她是保守党中的右翼成员，自认为是撒切尔政策的支持者；她的接替者莫当特（Penny Mordaunt）是英国皇家海军预备役军人，做过卡梅伦政府时期的武装部部长；特蕾莎·梅政府时期第三位就任国际发展部部长的是斯图尔特（Rory Stewart），在阿富汗做过外交官，并担任过短暂的非洲事务部部长（2017年6月至2018年1月）。

② Francois Gaulme, "Great Britain and Africa: Boris Johnson's Strategic Reversals", Études De L' ifri, June 2021, p. 12.

认为是英国政府结构的潜在风险，不利于英国对外政策的协调。因此，对国内部门进行有效协调对英国外交部来说非常必要。①而新冠肺炎疫情的暴发又为约翰逊政府改组政府机构提供了契机。于是，约翰逊首相在2020年6月16日正式向英国下院提出将国际发展部并入外交部，组建新的外交、英联邦和发展部（FCDO）的声明。他认为这样做可以“将援助与外交联合起来，共同致力于英国的国际工作”。② 两部门合并后，新部门的外交大臣将负责决定哪些国家可以获得英国援助，但此类决定还受到以首相为主席的国家安全委员会的监督。这样，在针对不同的国家实施英国的援助时，仍能确保实现英国统一的对外战略。2020年9月，英国国际发展部正式并入英国外交部。此外，两部门实现合并后，英国女王贸易专员要在英国驻所在国家的大使馆或高级专员署的权力下工作。这同样有助于扩大新组建的外交部的权力，使英国对外贸易也与英国的外交政策协调起来。③

前已述及，这一做法引起很多人的异议，认为会给英国对非关系带来负面影响。英国上院国际关系和防务特别委员会也对两部门的合并决定表示遗憾，并要求约翰逊政府确保这一合并并不

---

① House of Lords Select Committee on International Relations, “UK Foreign Policy in a Shifting World Order” (5th Report of Session 2017 – 19), p. 79.

② House of Commons Foreign Affairs Committee, “A Brave New Britain? The Future of the UK’s International Policy” (Fourth Report of Session 2019 – 21), p. 14. https://www.gov.uk/government/speeches/prime-ministers-statement-to-the-house-of-commons-16-june-2020, visited 12 March 2021.

③ House of Commons Foreign Affairs Committee, “A Brave New Britain? The Future of the UK’s International Policy” (Fourth Report of Session 2019 – 21), p. 14. https://www.gov.uk/government/speeches/prime-ministers-statement-to-the-house-of-commons-16-june-2020, visited 12 March 2021.

代表英国对非发展援助方法的改变。① 英国政府在回应这一关切时指出，英国的对非战略确定了符合英国和非洲长期战略利益的五个领域，官方发展援助在推动每一领域的发展中具有重要作用，将国际发展部的技能引入新的外交、英联邦和发展部中，可以确保英国在非洲及在世界其他地区减贫的承诺继续成为新部门的核心任务。② 虽然如此，作为英国最大的援助目的地，非洲一些国家在今后获得英国援助时可能会受到很多限制，而且获得援助的数额也有可能减少。约翰逊在其向英国下院提出的声明中曾经指出，英国给予赞比亚的援助和乌克兰一样多，但后者对于欧洲安全至关重要；英国给予坦桑尼亚的援助是给予西巴尔干六个国家的十倍，而后者更易受到俄罗斯的影响。其言下之意无非是，英国给予了非洲国家过多的援助，但没有取得对英国有利的效果。③ 实际上，在 2020 年 11 月，约翰逊政府就提出，由于疫情给英国经济造成的影响，英国将不再执行将国民总收入的 0.7% 用于发展援助。这一决定引起英国下院外交事务委员会的很大关注，随后英国政府在给该委员会的回应中表示，在英国经济形势好转后，英国政府将继续执行此前的承诺。④

① House of Lords Select Committee on International Relations and Defense, "The UK and Sub-Saharan Africa: Prosperity, Peace and Development Cooperation" (1st report of Session 2019 – 21), p. 75.

② UK Government Response to House of Lords Select Committee on International Relations and Defense, "The UK and Sub-Saharan Africa: Prosperity, Peace and Development Cooperation" (1st report of Session 2019 – 21), p. 18.

③ https://www.gov.uk/government/speeches/prime-ministers-statement-to-the-house-of-commons-16-june-2020.

④ House of Commons Foreign Affairs Committee, "A Brave New Britain? The Future of the UK's International Policy: Government Response to the Committee's Fourth Report" (Eighth Special Report of Session 2019 – 21), p. 5.

（3）扩大在非存在

英国很多议会议员以及政府官员都认为，在“脱欧”后，为了推行“全球英国”理念和保护英国的海外利益，维持一个庞大的外交网络对于英国来说非常重要。[①] 一些人认为，2016年“脱欧”公投前，英国外交部资金和人员的减少是英国海外影响削弱的重要原因，因此，在“脱欧”公投后，这种状况需要改变。[②] 2018 年 10 月，时任英国外交大臣亨特在演讲时表示，英国必须扩大英国的外交资源，并宣布了一个近 10 年来英国最大的外交网络扩展计划，包括 12 个新设岗位和 1000 余名工作人员的招募计划，同时还将开设 6 个新的高级专员署以及升级或新设一些新的大使馆，增加英国海外外交人员数量。[③] 当被问及如何优先考虑利用这些新的外交资源时，英国外交大臣的答复是，这些新的外交资源主要用于 3 个方面：全球英国、非洲战略和“脱欧”需要。[④] 可见，在“脱欧”后，英国政府非常重视在非洲的外交存在。实际上，英国对非战略的“三大推手”之一就是人员与平台，而且英国政府分配上述外交资源也遵循了这一考虑。例如，在新设的 6 个高级专员署中，有两个在莱索托和斯威士兰，以确保英国在非洲所有英联邦共同体国家的存在；[⑤] 同时将乍得的英国办公室升级为大使馆，并在毛

① House of Lords Select Committee on International Relations, “UK Foreign Policy in a Shifting World Order” (5th Report of Session 2017 – 19), pp. 82 – 83.

② House of Commons Foreign Affairs Committee, “A Brave New Britain? The Future of the UK’s International Policy” (Fourth Report of Session 2019 – 21), pp. 22 – 25.

③ https://www.gov.uk/government/speeches/an-invisible-chain-speech-by-the-foreign-secretary, visited on 23 April 2021.

④ House of Commons Foreign Affairs Committee, “Delivering Global Britain: FCO Skills” (Fourteenth Report of Session 2017 – 19), pp. 7 – 8.

⑤ 其他 4 个高级专员署分别设在巴哈马、汤加、萨摩亚和瓦努阿图。

里塔尼亚、尼日尔、吉布提新设英国大使馆；在新增加的440名外交人员中，有75%的人员驻在非洲。[①] 例如，为了加强英国与非盟的战略伙伴关系，英国到2019年年底时已将在亚的斯亚贝巴英国大使馆的人员增加了15名。[②]

英国在非新增加的外交资源主要分布在西非萨赫勒地区，这也体现了英国对非战略的需要。在英国对非战略中，萨赫勒地区是关注的五大领域之一，并且其他四个领域的问题在该领域都有所反映。因此，英国政府十分重视在这一地区的外交存在，"将把更多英国资源投向马里、尼日尔、乍得、布基纳法索和毛里塔尼亚"，"以遏制对地区安全和更为广泛的英国利益带来的威胁，并通过提供关键的人道主义支持，使人员流动更为安全"。[③] 萨赫勒地区传统上被认为是法国的势力范围，英国此前主要关注非洲英语国家，很少介入这一地区，这也被认为是英国对非政策的一个重要转变。对于这一转变，英国存在不同观点。有人认为，应该根据英国的战略需要确定新的伙伴，而不应拘泥于以往的介入方式。萨赫勒地区一些国家如马里、布基纳法索等存在的问题会对与英国具有长期友好关系的国家如尼日利亚和加纳带来影响，因此，将这一地区作为英国政府的"关键地区"无可厚非。而其他一些人则认为，英国应谨慎介入这一地区，应更多关注与英国有长期历史联系的国家如肯尼亚、

① UK Government Response to House of Lords Select Committee on International Relations and Defense, "The UK and Sub-Saharan Africa: Prosperity, Peace and Development Cooperation" (1st report of Session 2019 – 21), p. 24.

② The Foreign and Commonwealth Office-Written Evidence (ZAF0003), p. 7.

③ Written Evidence from the Foreign and Commonwealth Office on Behalf of Her Majesty's Government (UKA0012).

尼日利亚、南非等。①

此外，为了更好实施对非战略，英国外交部还倡议使用一体化的、全政府的方法（integrated whole-of-government approach），同时加强对非外交人员有关非洲语言的技能培训等。针对对非战略的五大领域，英国政府成立了五个联合非洲小组（Joint Africa Unit），每个小组由不同部门牵头，并由其他部门配合。例如，繁荣领域的小组由国际发展部、国际贸易部和外交部牵头，由财政部、税务海关总署以及企业、能源和工业战略部配合；安全和稳定领域的小组由外交部、国际发展部和国防部牵头，由稳定小组、联合基金小组、内政部以及健康和社会保障部配合；气候变化和自然资源可持续管理领域的小组由国际发展部、外交部以及企业、能源和工业战略部牵头，由环境、食品和农村事务部以及国际贸易部配合。为协调各政府部门的对非工作，英国外交部非洲司还设立了白厅非洲工作组（Whitehall Africa Group），由外交部非洲司司长每个月主持召开司级跨白厅工作会议，议题主要关注撒哈拉以南非洲的一些重要战略性政策问题。该工作组的代表来自英国不同政府部门，主要成员来自外交部、国防部、国际发展部和内政部，还有一些成员来自其他部门和机构，如国家安全秘书处、国家打击犯罪局、稳定小组和联合基金小组等。白厅非洲工作组支持英国国家战略实施小组（NSIG）非洲部的工作，并向其报告，同时将有关非洲政策向政府部门和英国驻非洲外交机构传达。白厅非洲工作组还是冲突、稳定和安全基金的非洲地区委员会，指导、监

① UK Government Response to House of Lords Select Committee on International Relations and Defense, "The UK and Sub-Saharan Africa: Prosperity, Peace and Development Cooperation" (1st report of Session 2019 – 21), p. 23.

督基金的分配等事项。①

英国政府还特别强调在"全球英国"背景下，要提升外交人员的技能和专业知识。英国下院外交事务委员会在一份报告中认为，在脱离欧盟后，外交人员需要具备下列实施"全球英国"理念的技能：贸易政策和谈判技能、欧洲外交技能、语言技能、对一些地区和国家的专业知识以及数字外交技能。② 外交事务委员会还专门强调了语言技能的重要性，认为语言是外交的基础，如果外语水平不能出类拔萃，即使外交人员具有其他技能也可能无济于事。③ 因此，时任外交大臣亨特在2018年10月的演讲中特别指出，在未来五年英国政府会重新开设外交部语言学校，将所教授的语言种类从50种增加到70种，在未来10年内将能够说驻在国语言的英国外交人员数量从目前的500人增加到1000人。亨特还特别提到，所增加的20种语言主要是一些小的语种如吉尔吉斯语、津巴布韦的绍纳语、印度的古吉拉特语。此前英国外交部在回应2016年的《未来的外交部》报告时还提出优先发展的语言技能还有阿拉伯语，需要了解的区域知识还有北非等。④ 所以，从这些技能要求来看，英国在"全球英国"理念下还比较重视与非洲的关系。

2. 英国与非政治合作实施效果

英国与非政治合作与"全球英国"对外政策理念紧密相连，

---

① Letter from Andrew Stephenson of the DFID to Baroness Anelay of St Johns DBE PC FRSA, House of Lords.

② House of Commons Foreign Affairs Committee, "Delivering Global Britain: FCO Skills" (Fourteenth Report of Session 2017 – 19), pp. 16 – 22.

③ House of Commons Foreign Affairs Committee, "Delivering Global Britain: FCO Skills" (Fourteenth Report of Session 2017 – 19), p. 25.

④ House of Commons Foreign Affairs Committee, "Delivering Global Britain: FCO Skills" (Fourteenth Report of Session 2017 – 19), p. 9.

是“全球英国”对外政策理念的缩影和具体地区体现。“脱欧”公投后，英国首相特蕾莎·梅和随后的约翰逊以及他们各自的政府官员，特别是外交大臣、国际贸易大臣、非洲事务部部长和国际发展部部长都在不同场合多次提及“全球英国”这一概念，但他们对于这一概念的具体含义和内容都语焉不详。从他们的讲话中可以看出，“全球英国”这一理念蕴含如下反复出现的关键词和短语，如开放、包容、外向、自由贸易、英国利益和价值、国际地位和影响、全球存在、全球利益、全球视野等。英国外交部2018年3月在其向英国下院外交事务委员会提交的备忘录中阐明了“全球英国”愿景及英国外交部在推动实现这一愿景中的作用。英国下院外交事务委员会认为，从该备忘录中可以总结出“全球英国”理念具有四个关键主题，即“国际视野”“旧友新朋”“支持以规则为基础的国际秩序”以及“自由贸易”。但英国很多议员仍然认为，“全球英国”政策更像是一个人们出于不同目的使用的“口号”或“标题”，它缺乏实质性内容的支撑。①2018年10月在回答英国下院外交事务委员会的询问时，时任英国外交大臣亨特也表示，与其前任不同的是，他需要做的其中一件事情就是为“全球英国”的骨架添加一些血肉。②

英国外交部在其有关“全球英国”的备忘录中特别强调了与美国、欧盟和印太地区的关系，对与非关系着墨不多。英国外交部认为保持与美国的盟友关系是英国的首要优先目标（top priority），与欧盟的关系总是其重要目标（major priority）。北美地区特别是美国、欧洲及其邻国以及印太地区是三个重要的世

---

① 有关英国外交部的备忘录和英国下院外交事务委员会的报告，参见 House of Commons Foreign Affairs Committee，“Global Britain”（Sixth Report of Session 2017 – 19）.

② http：//data. parliament. uk/writtenevidence/committeeevidence. sv c/evidencedocument/foreign-affairs-committee/oral-evidence-from-the-foreign-secretary/oral/92185. html，visited on 11 May 2021.

界经济和政治影响中心，保持在这些地区的影响力，对"全球英国"的成功至关重要。同时英国外交部在备忘录中也指出，要全面实现"全球英国"的愿景就需要在所有地区、在以规则为基础的国际秩序的机构中以及在全球重要问题上进行积极活动并发挥影响。为此，在重点分析与美国、欧洲及其邻国以及印太地区的关系后，英国外交部接下来简要分析了与其他地区主要是非洲和拉美地区的关系。对于非洲，英国外交部认为在"全球英国"背景下，英国对非关注点需要改变和发展，要更多关注非洲人口增长、贫困、气候变化、安全等问题，需要重视非洲的商业机会，扩大在非洲的外交网络，利用发展援助扩大在非洲的影响，保护英国的国家利益，加强与非盟和一些地区性大国如尼日利亚、肯尼亚、南非和埃塞俄比亚的伙伴关系，等等。① 可见，在"全球英国"背景下，非洲在英国的对外政策中虽然并不占有重要的地位，但也是英国对外政策必须考虑的一个地区。如前所述，英国下院外交事务委员会和英国上院国际关系和国防特别委员会就特别关注英国政府的对非政策，并发布了多份相关报告。

特蕾莎·梅首相2018年8月31日在开普敦的演讲被认为是英国对非政策的改变，是英国对非新方法或英国对非战略的出笼。英国外交部在其2019年9月提交给英国下院外交事务委员会的备忘录中系统总结了英国对非新战略的主要内容，即关注繁荣、安全和稳定、气候变化和可持续资源管理、人口转型以及萨赫勒地区"五大领域"，并运用外交人员和平台、科技创新和软实力这"三大推手"助力英国对非关系。随后约翰逊政府的对非政策虽有所调整，但整体上仍然遵循了对非战略的思路。在这一对非外交思路的指导下，英国对非政策在"五大领域"

① House of Commons Foreign Affairs Committee, "Global Britain" (Sixth Report of Session 2017 - 19), pp. 21 - 25.

都取得了一定的实效。在与非洲建立伙伴关系方面，英国不但与非盟签署了战略伙伴关系备忘录，还从 2018 年起在三年内向非盟提供 3000 万英镑资助，用于双方合作领域的发展，还在 2018—2019 财政年度向非盟提供 700 万英镑用于维和活动包括早期预警能力建设，以及 150 万英镑用于非盟的选举观察、贸易及移民方面的活动。此外，英国还通过联合国和欧盟提供 6500 万英镑用于非盟索马里使团的维和行动。① 在新冠肺炎疫情暴发后，英国向非盟的新冠肺炎疫情应对基金捐助了 2000 万英镑，用于疫情防控，还帮助非洲培训卫生官员应对疫情扩散。英国政府官员包括外交大臣、国际贸易大臣、非洲事务部部长、国际发展部部长等在“脱欧”公投后，多次访问非洲国家，英国还与肯尼亚、埃及、摩洛哥等许多非洲国家达成了伙伴关系协议。在经贸领域，英国在 2020 年和 2021 年年初已连续举办两次英非投资峰会，在峰会上达成了许多英非商业交易，而且在经贸和投资领域宣布了很多新的举措。英国还与喀麦隆、科特迪瓦、埃及、加纳、东部和南部贸易集团、南部非洲关税同盟和莫桑比克达成了贸易协定。在安全和稳定领域，英国支持非洲国家的反恐行动，2018 年英国与尼日利亚签署安全和防务伙伴关系协定，还积极参与法国在西非地区特别是萨赫勒地区的反恐行动，向法国的“新月形沙丘”军事行动提供后勤支持，还在 2020 年 1 月向马里派遣 250 名士兵以支持联合国多层面综合稳定特派团的活动。在气候变化和可持续资源管理领域，英国在 2018 年 10 月召开了打击非法野生动植物贸易世界大会，宣布完全禁止象牙贸易，与尼日利亚、南非等许多国家开展了绿色、清洁能源项目合作，在 2020 年 1 月召开的首届英非投资峰会上，约翰逊首相还宣布英国将不再为煤炭项目提供官方援

① Foreign and Commonwealth Office-Written Evidence（ZAF0003），p. 5.

助、出口信贷、投资或贸易促进措施等。在人口转型特别是在教育领域，英国在很多非洲国家实施了女童教育项目，2021 年 7 月英国还与肯尼亚联合举办了全球教育峰会，并承诺向全球教育伙伴关系倡议提供 4.3 亿英镑。①

但英国对非政策也因其存在的一些缺陷而饱受批评。这些批评主要集中在以下几个方面：第一，英国对非政策过于模糊和抽象，没有可测量的标准。虽然英国外交部提出了英国对非战略或对非新方法这一概念，但英国议会上下两院在其报告中都认为，这一战略缺乏清晰的内容和明确的目标。这可能是因"全球英国"理念的模糊性造成的。从英国政府官员有关"全球英国"理念的讲话来看，英国在对外关系中将其定位为全球贸易大国、全球大国、美国的忠实盟友、欧盟的地区伙伴以及英联邦共同体的领导等角色。有学者利用角色理论认为，英国对外关系的角色定位不准，产生角色冲突，导致其对外政策缺乏一致性、确定性。② 这也可能是造成其对非政策模糊一个原因。第二，过于强调对外援助的工具性，可能导致对非政策自相矛盾。特蕾莎·梅首相在其开普敦的演讲中强调，英国的对外援助必须符合英国的国家利益。这被认为是英国政府改变了此前的不将发展援助与英国对外政策挂钩的做法。有议员认为这种做法"令人担忧"。③ 还有人认为，这种将人道主义援助工具化的做法会损害人道主义原则，例如，为了增加武器贸易而向交

---

① 以上信息综合来自英国政府网站https：//www. gov. uk/。

② Kai Oppermann, Ryan Beasley, Juliet Kaarbo, "British Foreign Policy after Brexit: Losing Europe and Finding a Role", *International Relations*, 2020, vol. 34 (2), pp. 133 - 156.

③ UK Government Response to House of Lords Select Committee on International Relations and Defense, "The UK and Sub-Saharan Africa: Prosperity, Peace and Development Cooperation" (1st report of Session 2019 - 21), p. 75.

战方出售武器，可能会造成更大的人道主义灾难。[①] 第三，将国际发展部并入外交部以及将发展援助水平降低被认为会给非洲带来不利影响。前已述及，很多人对这两种做法提出猛烈批评，他们担心这会给以后的英国对非援助带来更多障碍，不利于非洲国家抗击疫情以及以后经济的恢复和发展。第四，负责非洲事务的官员的频繁更换不利于对非政策的长期稳定。例如，有人做过统计，从1989年到2020年的31年时间里，英国共有20位非洲事务部部长，每人的平均任期只有18个月。[②] “脱欧”公投后，英国共有五位非洲事务部部长，其中特蕾莎·梅政府时期有三位，约翰逊政府时期截至2021年9月有两位，其中斯图尔特和史蒂芬森的任期都只有7个月。此外，虽然“脱欧”公投后英国政府一直强调与非洲的伙伴关系，但英国政府在一些针对非洲人的具体政策上特别是在签证政策方面引起非洲人强烈不满。例如，很多非洲人反映英国针对非洲人的签证政策要求烦琐、花费高昂、程序不公、歧视严重、缺乏相应救济途径等。这也会影响到英非关系。[③]

（二）英国与非洲的经济合作及效果

经济领域的合作是英国对非新战略的重要内容，也是长期

---

① The Foreign Policy Center, “Finding Britain's Role in a Changing World”, p. 7.

② UK Government Response to House of Lords Select Committee on International Relations and Defense, “The UK and Sub-Saharan Africa: Prosperity, Peace and Development Cooperation” (1st report of Session 2019 – 21), pp. 16 – 17.

③ Appg Africa, “Visa Problems for African Visitors to the UK”, pp. 17 – 30, available at https://royalafricansociety.org/wp-content/uploads/2020/01/APPG-Report-on-Visa-problems-for-African-visitors-to-the-UK _ v1.58web.pdf, visited on 12 March 2021.

以来英非合作的重要领域。在“脱欧”公投后，英国政府强调了非洲的人口、资源、经济前景等因素对“全球英国”的重要性。“脱欧”给英非经济领域的合作带来的既有挑战也有机遇。一方面，“脱欧”初期可能带来的经济的不确定性会给英国对非贸易、投资和援助带来一些消极影响，例如，可能导致英国对非贸易、投资、援助的减少；另一方面，“脱欧”后英国可以自主地开展与非洲的经贸和援助合作，可以使双方的合作更能符合非洲国家的发展需要。① 但无论如何，“脱欧”必然会给英非经济领域的合作带来新的改变和影响。

1. 贸易

经济利益是英国制定非洲政策的首要关切点，在原有基础上进一步加强双方的贸易与投资关系，将成为巩固英国与非洲伙伴关系的核心。②“全球英国”理念的重要内容之一就是自由贸易。在“脱欧”公投后，英国政府官员到处宣扬自由贸易，强调要在自主的基础上与其他国家开展贸易。虽然英国和非洲的贸易在英国对外贸易份额中的比例较小，例如，在2019年英国出口非洲的货物和服务价值189亿英镑，从非洲进口的货物和服务价值173亿英镑，分别仅占英国出口总额的2.7%和进口总额的2.4%，但考虑到非洲未来的发展前景以及政治重要性，英国仍非常重视“脱欧”后与非洲的经贸关系。2016年12月，英国议员代表团访问了南非和纳米比亚，考察了欧盟与南部非洲国家签署的经济伙伴关系协定存在的一些问题，并对未来英

① John Mare, “Uncertainties of a Post-Brexit World Bring Opportunities for SA and Africa”, *Business Day*, 5 March 2018; Ronak Gopaldas, “Can Africa Be the Big Brexit Winner”, ISS Today, 13 April 2018.

② 李静堃：《“全球英国”理念下英国对非洲政策的调整》，《西亚非洲》2019年第2期。

国与非洲国家的贸易安排提出了一些建议。① 2017 年 10 月，英国国际贸易部发表了贸易白皮书《我们未来的英国贸易政策》，阐明了英国“脱欧”后将采取的贸易政策，特别强调英国会确保一些发展中国家特别是最不发达国家在“脱欧”后仍可享受不低于他们与欧盟现有协定下的贸易优惠待遇，支持发展中国家通过贸易减少贫困。② 同年 12 月，英国国际贸易政策部长汉兹（Greg Hands）在对英国议会跨党派非洲小组发表的有关未来英非贸易关系的演讲中，重申了上述立场，并指出英国政府会建立和加强英非企业之间的联系，努力让英国成为非洲的“首选贸易伙伴”。此后英国政府在 2019 年 2 月与非盟签署的战略伙伴关系备忘录以及英国外交部在 2019 年 9 月向英国下院外交事务委员会提交的《超越援助：英国在非洲的战略介入》也都强调了在贸易和投资领域的合作。2020 年 1 月 21 日，英国议会跨党派非洲小组、皇家非洲学会、牛津布鲁克斯大学和议会跨党派贸易正义小组还就“脱欧”后英非贸易的机遇与挑战举办了联合论坛，形成了政策简报，对“脱欧”后英国对非贸易政策提出了一些建议。③ 此外，在“脱欧”公投后，英国首相、国际贸易大臣、英国外交大臣、非洲事务部部长、国际发展部部长等官员也在不同场合从不同角度阐述过英国对非的贸易

---

① Royal African Society, APPG Africa, “The Future of Africa-UK Trade and Development Cooperation Relations in the Transitional and Post Brexit Period”, available at https://royalafricansociety.org/wp-content/uploads/2019/10/APPG-for-Africa_Future-of-Africa-UK-Relations-Post-Brexit.pdf, visited on 11 October 2020.

② https://www.gov.uk/government/publications/preparing-for-our-future-uk-trade-policy/preparing-for-our-future-uk-trade-policy#contents, visited on 12 June 2020.

③ Oxford Brooks University, Royal African Society, APPG Africa, “UK-Africa Trade after Brexit: Challenges and Opportunities”, November 2020.

政策。

（1）"脱欢"公投以来英国对非贸易政策

①设立不同的贸易促进机构

为应对"脱欧"后英国贸易发展的需求，实现"全球英国"自由贸易的愿景，英国政府专门设立了不同的贸易促进机构。前已述及，英国特蕾莎·梅政府在2016年7月重新组建国际贸易部，以推动英国对外贸易与投资。还设立9名女王贸易专员，其中一名专门负责对非洲地区的贸易。另外，英国政府还设立了专门的商业大使和首相贸易特使，其中有很多贸易特使专门负责非洲国家贸易实务，如加纳贸易特使就多次访问加纳，以推动双方贸易。2017年1月，英国时任国际贸易大臣福克斯（liam Fox）提出要努力让2017年成为英国出口年（year of exporting），为此，英国国际贸易部与44个商业大使和20个贸易特使紧密协作，以发现潜在的市场，为英国企业寻求更多的商业机会。英国国际贸易部当时公布的全球50个潜在市场中就包括非洲。①

英国还与非洲国家一起推动设立了许多联合贸易促进机构。例如，为加强与加纳的贸易关系，英国在2016年与加纳设立了英国—加纳商会（UKGCC），以促进英国与加纳中小企业和跨国公司的合作。

②签署各类贸易协定

"脱欧"后，英国将不是欧盟成员国，欧盟与其他国家签署的经济伙伴关系协定将不能适用于这些国家与英国的贸易关系。为了防止"脱欧"后出现贸易制度脱节现象，英国决定复制欧盟与其他国家的经济伙伴关系协定并在与其他国家谈判后用于调整"脱欧"后英国与这些国家的贸易关系。同时，为了更进

① https：//www. gov. uk/government/news/international-trade-secretary-2017-must-be-year-of-exporting，visited on 13 May 2020.

一步开展自由贸易，英国在“脱欧”公投后也和其他国家开展了贸易协定谈判。

在非洲，欧盟与东部和南部非洲国家（马达加斯加、毛里求斯、塞舌尔和津巴布韦）以及南共体的斯威士兰、博茨瓦纳、莱索托、纳米比亚、莫桑比克和南非（即南部非洲关税同盟 + 莫桑比克）签订有经济伙伴关系协定。此外，欧盟还与加纳、科特迪瓦、喀麦隆签订有经济伙伴关系协定。英国贸易政策部长汉兹在 2018 年与东部和南部非洲国家谈判后发表联合声明，声称将复制欧盟与这些国家之间的临时经济伙伴关系协定，用于 2020 年 12 月 31 日英国“脱欧”后双方之间的贸易关系，以确保贸易发展的连续性。① 此后，英国逐步与南部非洲关税同盟 + 莫桑比克、喀麦隆、加纳、科特迪瓦达成了延续适用此前经济伙伴关系协定的条约。为了拓展与非洲国家的贸易，英国还与埃及、肯尼亚、摩洛哥、突尼斯谈判达成了新的经济伙伴关系协定。英国与阿尔及利亚的经济伙伴关系协定谈判还在进行中。

③拓展服务贸易

服务贸易在英国对非贸易中占有很大比重，因此英国对非新战略也非常强调拓展英国对非洲的服务贸易，特别是在金融、法律、保险等服务领域。2018 年 8 月，特蕾莎·梅首相在开普敦的演讲中就明确提到，“我想把我们的发展预算和技能置于我们伙伴关系的核心，作为我们雄心勃勃的（对非）新方法的一部分，并利用它们支持私有部门的创立和发展”。她还特别提到伦敦金融城的融资服务、英国先进的科技水平以及卓越的法律制度。特蕾莎·梅在访非期间还宣布了一系列与南非、尼日利亚、肯尼亚开展技能合作的项目，如利用伦敦证券交易所加强与非洲国家在资本市场的合作，为非洲发展提供急需的融资；

① https：//www. gov. uk/government/news/joint-statement-on-trade-between-uk-and-the-esa-states， visited on 12 June 2020.

与尼日利亚启动技能分享项目"法律服务是伟大的"(Legal Services Are Great),[①] 加强两国法律服务部门的合作,在跨境交易、打击腐败、追账等领域进行交流合作;在南非、尼日利亚、肯尼亚三国建立创新伙伴关系,汇集英国和非洲的专业知识来应对全球挑战,并为整个非洲大陆的企业提供量身定制的支持,以帮助他们建立联系、发展和贸易。[②]

2019年7月22日,英国国际贸易部联合伦敦的一些保险企业以及英国在肯尼亚的一些科技企业在肯尼亚首都内罗毕举办了首届"保险科技促发展"大会。此次大会主题是"弥补保险缺口——非洲3.0",旨在探讨政府和监管者推动非洲保险创新的方式,提高对保险产品的使用。[③] 在2020年1月召开的首届英非投资峰会上,英国政府宣布将在未来5年向英国金融行业深化平台项目提供3.2亿英镑援助,以支持非洲国家的金融服务和金融监管体系的建设。2020年7月,英国国际贸易部还启动了"科技促发展"项目,以推动英国与发展中国家特别是非洲国家的金融服务合作。这一项目有三个主要活动:一是打造英非"科技促发展"共同体,加强英国和非洲国家科技和金融

① "法律服务是伟大的"项目是英国司法部发起的,旨在推广英国法律服务,扩展商业网络,为英国律师事务所赢得更多的服务出口。法律服务可以为英国带来巨大经济利益,它每年可以为英国创收250多亿英镑,占英国国内生产总值的1.5%,并且可以为英国33万人带来就业机会。2020年12月1—3日,英国司法部还举办了首届英非法律服务网上贸易会议。参见https://www.gov.uk/government/news/first-virtual-trade-mission-for-uk-africa-legal-services, vsited on 11 April 2021.

② Juliana Suess, "The UK's Policy towards Africa Post-Brexit", Policy Brief, May 2019, p.3, Policy Center for teh New South; https://www.gov.uk/government/news/uk-offers-city-expertise-to-boost-africas-growth, visited on 12 April 2021.

③ https://www.gov.uk/government/news/dit-launches-first-ever-insurtech-for-development-conference-in-africa, visited on 13 April 2021.

服务公司之间的伙伴关系；二是为英非金融科技贸易赋能，为双方金融科技行业的合作清除障碍；三是扶持未来金融科技市场的发展，深化双方的贸易伙伴关系。①

④提供贸易便利措施

英国政府还积极利用英国出口信贷、专业技术支持等措施，推动英国与非洲之间的贸易。英国出口信贷机构（UKEF）成立于1919年，是世界上最古老的出口信贷机构。在“全球英国”背景下，英国国际贸易部非常重视英国出口信贷的作用，强调将其置于贸易促进的核心。为此，英国政府将英国出口信贷融资的国际货币种类增加到60多种，这样很多国外买方就可“购买英国商品用当地货币支付”（buy British pay local）。为了加强英国出口信贷机构与非洲的联系，英国出口信贷机构在2018年5月向加纳派驻了代表，这是英国出口信贷机构在西部非洲的首任代表。② 在2020年1月20日召开的首届英非投资峰会上，时任英国国际贸易大臣特拉斯（Liz Truss）宣布将向加纳、赞比亚、加蓬和乌干达提供6.2亿英镑的融资，以支持英国对这些国家的出口。③ 此前，英国已向阿尔及利亚、贝宁、布基纳法索、科特迪瓦、毛里求斯、摩洛哥、塞内加尔和突尼斯八个非洲国家提供过55亿英镑的信贷支持，以推动英非贸易。

英国政府还在首届英非投资峰会上宣布，将提供超过3.97亿英镑以实施一些新项目，包括2亿英镑支持南部非洲升级最基本的贸易设施，完善贸易政策和法律，减少贸易壁垒，增加投资；3700万英镑用于设立“增长门户”（Growth Gateway）服

① https：//www.gov.uk/government/news/tech-for-growth-designed-to-increase-financial-services-access，visited on 12 June 2021.

② https：//www.gov.uk/government/news/uk-expands-export-finance-in-west-africa，visited on 21 May 2020.

③ https：//www.gov.uk/government/news/uk-exports-boost-critical-infrastructure-projects-in-africa，visited on 12 March 2021.

务平台项目。该服务平台由两部分组成：一部分是网上信息平台，将用英语、法语和葡萄牙语发布英国政府有关对非经贸、信贷的最新信息以及非洲市场指南，以帮助英国对非投资了解它们可以获得哪些支持以及如何最好地获得这些支持。另一部分是英国贸易和投资专业人士服务团队，以帮助非洲企业扩大向英国出口，寻找投资伙伴，并帮助英国和其他国际企业与非洲开展贸易并在非洲投资，该团队将与英国对非贸易专员密切配合；2000万英镑用于贸易联通（Trade Connect）项目，以帮助非洲企业更好进入英国和世界其他市场，支持英国企业从非洲获得更多高质量的、具有价格优势的产品。

⑤支持非洲大陆自贸区发展

非洲大陆自贸区是非盟促进经济一体化的一个旗舰项目。《非洲大陆自贸区协定》在2019年5月30日生效。由于疫情影响，非洲大陆自贸区成员国之间的自由贸易推迟至2021年1月1日启动。截至2022年2月25日，除厄立特里亚外，已有54个非洲国家签署了《非洲大陆自贸区协定》，其中41个国家已缴存批准书。[①] 非洲大陆自贸区完全实施后，将成为世界贸易组织成立以来最大的自由贸易区。非洲大陆自贸区有12亿人口，2.5万亿美元的国内生产总值，它将在5—15年内将成员国之间的关税削减至97%，可以将非洲内部贸易提高至50%。因此，非洲大陆自贸区的运行无论是对于非洲国家，还是非洲以外的国家，都非常重要。英国许多人士认为，英国政府应支持非洲大陆自贸区的发展，帮助其实现贸易便利化，向其提供能力建设和技术支持。[②] 为此，英国政府向非盟的非洲大陆自贸区小组

① https：//www. tralac. org/documents/resources/infographics/2605-status-of-afcfta-ratification/file. html，visited on 26 February 2022.

② UK Government Response to House of Lords Select Committee on International Relations and Defense，"The UK and Sub-Saharan Africa：Prosperity，Peace and Development Cooperation"（1st report of Session 2019 -21），p. 77.

派驻了贸易专家，提供了研究支持，而且进行了贸易谈判能力等方面的培训。2019 年 2 月，英国与非盟签署的战略伙伴关系备忘录就确认，双方会联合推动非洲大陆自贸区的发展。2021 年 9 月 13 日，英国非洲事务部部长杜德里奇在加纳阿克拉与非洲大陆自贸区秘书长梅内共同签署了谅解备忘录，规定了双方的伙伴关系框架，推动非洲大陆自贸区协定在非洲国家内的实施，并加强英国与非洲国家的贸易联系。英国国际贸易部负责国际贸易的贾亚沃得纳部长（Ranil Jayawardena）表示，备忘录的签署“显示了我们致力于双边贸易和投资的决心，这可以促进非洲大陆可持续的经济增长”。① 2022 年 3 月，在非洲大陆自贸区秘书长梅内访英时，英国政府还宣布向非洲大陆自贸区提供3500 万英镑并启动了非洲大陆自贸区支持项目（AfCFTA Support Program），支持非洲大陆自贸区协定的实施。②

⑥重视与非洲英联邦国家的经贸联系

非洲目前有 19 个国家是英联邦成员国，占英联邦成员总数的 35%。英联邦现有 52 个成员国，拥有近 24 亿人口，其中将近一半是 25 岁以下的年轻人，具有巨大的人口潜力。英联邦国家的国民总收入将近 11 万亿美元，英联邦国家的对外贸易总额在 2017 年约为 7000 亿美元。非洲英联邦成员国家将英联邦视为“贸易伙伴、投资者和发展伙伴”。根据世界银行的估计，英联邦很多成员国的对外贸易在未来几年会增长很快，其中就有非洲英联邦国家，如莫桑比克、加纳和塞拉利昂。英国与英联邦大多数成员国具有相同的语言和法律传统，因此，在“全球英国”背景下，英国更加重视与英联邦国家的关系，并“希望

---

① https：//www. gbcghanaonline. com/news/business/afcfta-secretariat-signs-landmark-agreement-with-uk-government/2021/，visited on 12 July 2021.

② “UK Backs Africa's Ambitious Continental Free Trade Initiative”，https：//www. gov. uk/government/news/uk-backs-africas-ambitious-continental-free-trade-initiative，visited on April 19，2022.

通过与英联邦的联系扩大其在非洲的介入"。[①] 2017 年 3 月，英国政府在伦敦召开了首届英联邦贸易部长会议，以推动成员国间的贸易。2018 年 4 月，英国政府还在伦敦和温莎举办了英联邦政府首脑会议，以促进英联邦内部贸易。在此次会议上，时任英国外交大臣约翰逊宣布在英联邦国家开设九个外交据点，以扩大英国在英联邦的外交网络，其中有两个设在非洲的莱索托和斯威士兰。[②] 2020 年 2 月 3 日，约翰逊首相在格林尼治发表演讲时透露，他正准备考虑将英联邦建成自贸区。[③]

（2）"脱欧"公投以来英国对非贸易政策的效果

"脱欧"既给英非贸易带来机遇，也带来相应的挑战。为在"全球英国"理念下更好地推进英非贸易，英国政府在"脱欧"公投后不久就开始考虑在"脱欧"后如何保持英国对非贸易政策的衔接问题。为此，先后与 14 个非洲国家达成了经济伙伴关系协定。这些协定有的是复制了此前欧盟与相关国家的经济伙伴关系协定，如英国与东部和南部非洲国家（ESA）及南部非洲关税同盟与莫桑比克达成的协定，有的是在谈判后达成的单独的经济伙伴关系协定，如英国与科特迪瓦、喀麦隆、肯尼亚等达成的协定。这些协定遭到英国一些人士的批评，他们认为，此前欧盟与非洲国家签署的经济伙伴关系协定存在许多弊端，如缺乏相应的民主协商程序，没有考虑非洲国家民众的意见，限制了非洲国家的政策空间，妨碍了非洲的一体化进程等。因

---

① UK Government Response to House of Lords Select Committee on International Relations and Defense, "The UK and Sub-Saharan Africa: Prosperity, Peace and Development Cooperation" (1st report of Session 2019 – 21), p. 49.

② https://www.gov.uk/government/news/foreign-secretary-expands-uk-commonwealth-diplomatic-network.

③ https://www.gov.uk/government/speeches/pm-speech-in-greenwich-3-february-2020, visited on 15 June 2021.

此，英国应该吸取上述教训，利用“脱欧”后可以自主制定贸易政策的机会，慎重地与非洲国家商签经济协定。例如，此类协定应充分考虑到非洲的地区一体化以及发展计划，应该多吸收来自非洲国家的观点，应鼓励议会和政府机构参与协定的谈判，应关注贸易平衡问题，并尊重可持续发展目标以及气候协定中的义务等。① 还有人认为，考虑到非洲的规模和复杂性，“脱欧”后英国的对非政策应关注非洲的主要市场，它们可分为三组国家。第一组是南非、尼日利亚、肯尼亚和加纳四个非洲英语国家，它们与英国的贸易额占了英非贸易额的一半；第二组是阿尔及利亚、摩洛哥和埃及三个北非国家，它们与英国的贸易额占了英非贸易额近三分之一；第三组是科特迪瓦和塞内加尔两个非洲法语国家，它们是近年来非洲经济发展较快的国家。② 在非洲大陆自贸区成立后，联合国非洲经济政策委员会的非洲贸易政策中心建议，英国应与作为一个单一市场的非洲进行谈判，确保英国的贸易政策与非洲大陆自贸区的发展目标一致也符合英国自己的利益。③ 但英国政府并没有采纳上述意见，

---

① Royal African Society, APPG Africa, “The Future of Africa-UK Trade and Development Cooperation Relations in the Transitional and Post Brexit Period”, available at https://royalafricansociety.org/wp-content/uploads/2019/10/APPG-for-Africa_Future-of-Africa-UK-Relations-Post-Brexit.pdf; Oxford Brooks University, Royal African Society, APPG Africa, “UK-Africa Trade after Brexit: Challenges and Opportunities”, November 2020.

② Dr. Eduard George, “A Private Sector Perspective on Priorities for UK-Africa Trade Relations Post Brexit”, in Royal African Society, APPG Africa, “The Future of Africa-UK Trade and Development Cooperation Relations in the Transitional and Post Brexit Period”, pp. 65-67, available at https://royalafricansociety.org/wp-content/uploads/2019/10/APPG-for-Africa_Future-of-Africa-UK-Relations-Post-Brexit.pdf, visited on 15 June 2020.

③ UK Government Response to House of Lords Select Committee on International Relations and Defense, “The UK and Sub-Saharan Africa: Prosperity, Peace and Development Cooperation” (1st report of Session 2019-21), p. 96.

仍然采取了和欧盟同样的做法，这被认为不符合非洲地区和大陆发展目标。例如，英国与肯尼亚在2020年11月达成的自由贸易协定被认为会造成东共体成员国之间的政治分歧，损害东共体的共同对外关税以及发展地区供应链的目标。①

英国"脱欧"公投后的对非贸易政策有的取得了比较明显的效果。例如，在提供对非贸易便利措施方面，由英国政府参与资助的东非贸易市场项目的第一阶段工作在2017年12月完成。第一阶段的工作旨在减少货物过境通行时间、海关清关时间、提高边境措施效率、完善贸易设施、运用信息通信技术和制度促进贸易便利化等。第一阶段工作的成效非常显著，例如，蒙巴萨港口的进口时间减少了52%，出口时间减少了59%；达累斯萨拉姆港口的进口时间和出口时间则分别减少了28%和53%；东非国家货物过境时间平均减少了70%；通过在东共体实现标准的统一化，经认证的商品的通关时间减少了99%，检测费用降低了55%。目前，东非贸易市场项目已进入第二阶段工作，将在2022—2023年完成。英国为第二阶段的工作提供了1亿多英镑的资助。② 但"脱欧"公投后的2016—2020年，英非贸易额没有大的提升，表现平稳。非洲开发银行行长阿德希纳（Akinwumi Adesina）认为，考虑到英非贸易额在英国对外贸易额中的较低比重以及非洲不断扩大的市场，英非贸易应该不断增加，而不是保持平稳。③

① Oxford Brooks University, Royal African Society, APPG Africa, "UK-Africa Trade after Brexit: Challenges and Opportunities", November 2020, p. 13.

② https://www.tfafacility.org/trademark-east-africa, visited on 11 June 2021.

③ Oxford Brooks University, Royal African Society, APPG Africa, "UK-Africa Trade after Brexit: Challenges and Opportunities", p. 4, November 2020.

这种平稳状态可能是由以下原因造成的：一是“脱欧”的不确定性。虽然英国在2016年6月公投决定“脱欧”，但后来的发展一直存在不确定性，直到2020年1月31日才正式脱离欧盟。二是“脱欧”公投后英国对非政策一直没有最终定型。在“脱欧”公投后，英国只是提出笼统的“全球英国”对外政策，没有具体的对非政策。直到2019年9月，英国外交部才提出对非新战略，但仍缺乏具体的措施与手段。另外，在特蕾莎·梅和约翰逊政府时期，英国非洲事务部部长和国际发展部部长多有变动，也影响了英国对非政策的稳定性和延续性。三是大宗商品价格下降也是导致英非贸易额没有大幅提升的原因。在英非贸易中，英国从非洲进口的主要是矿产、石油等原材料，这些大宗商品的价格在此期间下降，也导致英非之间的贸易额无法提高。四是英非贸易额长期在英国对外贸易中比重较小，也可能导致英国不会太重视与非洲国家的贸易，这也是造成这一时期英非贸易额没有增加的原因。

另外，英非贸易的分布区域及商品贸易类型的集中趋势没有改变。例如，2019年英国对非贸易仍主要集中在南非（30%）、尼日利亚（12%）、埃及（10%）、阿尔及利亚（7%）和摩洛哥（7%）等几个国家，英国与其他非洲国家的贸易仅占英非贸易总额的34%。从商品贸易类型来看，英国从非洲国家进口的主要是矿产、农产品、原油等，而出口到非洲的主要是各类制成品。现以南非、尼日利亚、埃及的情况为例说明。2021年第一季度英国从南非进口的前五类商品依次是非金属矿产、蔬菜和水果、金属矿石和碎料、未明确商品以及小轿车以外的公路用车，英国向南非出口的前五类商品依次是各类电子商品、饮料、精炼油、医药产品、小轿车。① 同一时期，英国从

① https：//assets. publishing. service. gov. uk/government/uploads/system/uploads/attachment _ data/file/1017692/south-africa-trade-and-investment-factsheet-2021-09-17. pdf，visited on 11 October 2021.

尼日利亚进口的前五类商品依次是原油、精炼油、天然气、金属矿石和碎料、飞行器，英国向尼日利亚出口的前五类商品依次是精炼油、纺织品、盥洗室和清洁用品、蔬菜和水果以及机械发电机。① 英国从埃及进口的前五类商品依次是蔬菜和水果、各类电子产品、原油、服装、纸和纸板，英国向埃及出口的前五类商品依次是金属矿石和碎料、医药产品、小轿车、机械发电机、水果和蔬菜。②

2. 投资

英国很多人士都认识到投资对于非洲的重要性。随着非洲人口的增长，非洲在2035年前每年需要创造1800万个新的工作岗位才能满足就业需求。庞大的就业需求需要有大量投资，否则众多失业人口就有可能造成社会动荡，滋生恐怖活动。特蕾莎·梅首相在2018年8月28日开普敦的演讲中提到了对非洲投资的重要性，并建议与非洲在共同繁荣和共同安全的基础上建立一种新的伙伴关系，将创造就业机会置于这种伙伴关系的中心。为此，她宣布英国将在2022年成为七国集团在非洲的最大投资者，英国政府向非洲国家新增40亿英镑的投资。③ 两天后，她在内罗毕发表的新闻声明中指出，"我希望确保英国与肯尼亚以及与非洲的关系越来越多地关注私人投资、营业活动以及共同获得最大商机"。④ 2018

① https://assets.publishing.service.gov.uk/government/uploads/system/uploads/attachment_data/file/1017654/nigeria-trade-and-investment-factsheet-2021-09-17.pdf, visited on 8 October 2021.

② https://assets.publishing.service.gov.uk/government/uploads/system/uploads/attachment_data/file/1017557/egypt-trade-and-investment-factsheet-2021-09-17.pdf, visited on 11 October 2021.

③ https://www.gov.uk/government/speeches/pms-speech-in-cape-town-28-august-2018, visited on 12 September 2020.

④ https://www.gov.uk/government/speeches/prime-ministers-press-statement-in-nairobi-30-august-2018, visited on 11 August 2020.

年9月25日，特蕾莎·梅在参加联合国大会时呼吁其他国家向非洲投资，因为创造就业不只是对非洲重要，它还关乎全球稳定。① 英国外交部在其2019年9月有关非洲对非新战略的备忘录中阐明了对非投资的目标和一些具体举措。约翰逊就任首相后虽然没有明确坚持让英国在2022年成为七国集团在非洲的最大投资者这一目标，但他也表示要让英国成为非洲的首选贸易和投资伙伴。因此，无论是特蕾莎·梅政府还是约翰逊政府，都在“全球英国”理念下强调对非投资的重要性，并采取了一些具体措施推动英国对非投资。

（1）“脱欧”公投以来英国对非投资政策

“脱欧”公投以来，特别是英国对非新战略提出以来，英国政府对非投资政策主要体现在以下几点。

①举办各类投资会议

为推动英国企业了解非洲的投资机会，推动更多英国企业走进非洲，英国政府积极举办各类投资会议，促进英国企业和非洲企业的沟通交流，为英国投资项目落地非洲牵线搭桥。特别是在“脱欧”公投后，考虑到英国不能作为欧盟成员参加欧非峰会，而且其他国家如中国、俄罗斯、印度、日本、美国等都定期或不定期与非洲国家举办峰会，特蕾莎·梅首相在开普敦的演讲中宣布，英国将于2019年在伦敦举办非洲投资峰会，帮助英国投资者和非洲政府建立更紧密的联系。② 由于疫情的原因，首届英非投资峰会在2020年1月20日在伦敦召开。随后英国政府还于2021年1月20日和2022年1月20日分别举办了两次英非投资会议。

首届英非投资峰会是英国历史上举办的最大规模的对非投

① https：//www. gov. uk/government/speeches/pm-speech-at-the-africa-call-to-invest-unga-event，visited on 16 May 2021.

② https：//www. gov. uk/government/speeches/pms-speech-in-cape-town-28-august-2018，visited on 19 May 2021.

资峰会，是英国首相约翰逊就任以来在英国举办的第一个重大多边峰会，也是在英国2020年1月底决定“脱欧”前举办的一个重要国际会议，受到国际社会特别是非洲国家的高度关注。来自21个非洲国家的元首、大使、高级专员和工商界人士1000多人参加了此次峰会。参加此次峰会的非洲国家元首包括埃及总统塞西、肯尼亚总统肯雅塔、乌干达总统穆塞韦尼、尼日利亚总统布哈里、加纳总统阿库福-阿多、马拉维总统穆塔里卡、卢旺达总统卡加梅等。此次峰会的主题是“伟大伙伴关系”（Great for Partnership），双方将探讨如何进一步创造就业、增加投资、促进增长、实现互利，并在贸易、投资、共同价值和互利基础上建设一个长期、可持续的繁荣伙伴关系。英国首相约翰逊主持了峰会，并与16个非洲国家的元首和非洲的商业领袖举行会见。在峰会开幕致辞中，英国首相约翰逊提到英国教育和科技在世界上的地位，还提到英国科技在非洲国家具体运用的事例，以及非洲国家经济增长的形势，基于此，他认为，英国是非洲国家“投资的优选伙伴”，英国和非洲“不但今天是、明天是而且将来也是好伙伴”。①

英国政府在此次峰会上宣布了一系列对非投资举措，并达成了许多交易。约翰逊首相在开幕式致辞中只是笼统提到英国要加强与非洲国家的伙伴关系，他并没有提出具体的对非贸易和投资举措，但英国政府在会后发表的政府声明以及英国国际发展署主任夏尔马在闭幕式的演讲中提出了总额超过15亿英镑的投资新倡议，英国政府还希望调动24亿英镑的私人资本到非洲国家投资，英国国际金融机构CDC集团将新增3亿英镑对非新投资，并在接下来2年内追加20亿英镑对非投资。英国国际开发署也宣布投入3.2亿英镑用于完善45个非洲国家的财政制

① https：//www. gov. uk/government/speeches/pm-africa-investment-summit-speech-20-january-2020，visited on 19 May 2021.

度和规章。在此次峰会上，英国投资者与非洲企业达成价值 65 亿英镑的商业交易，涉及行业包括基建、能源、零售业和科技行业等。英国政府会后还宣布了近 89 亿英镑的对非投资承诺。①

由于疫情的原因，第二届英非投资会议在网上召开。这次会议是英国正式“脱欧”后举办的第一次英国和非洲国家之间的投资会议。英国首相鲍里斯·约翰逊、英国外交部非洲事务部部长杜德里奇、英国国际贸易部投资部长格里斯通、英国女王非洲贸易专员艾玛、非洲开发银行行长阿德西纳以及来自英国和非洲国家的许多企业家参加了此次会议。会议主要关注四个方面的议题：可持续与弹性基础设施、农业与农业科技、金融和专业服务以及可再生能源。与首届英非投资峰会相比，此次会议有如下特点：一是参会非洲国家政府官员少。首届英非投资峰会有 16 个非洲国家的元首和政府首脑参加，但此次会议基本没有来自非洲国家的政府官员。参会人员主要是来自非洲银行业和企业界的人士。二是会议报道宣传较少。无论是在英国国内还是在非洲国家，有关此次会议的报道都不是很多，而且英国政府也没有发布相关的政府通报。三是会议落实成果不详。与第一届峰会达成的成果相比，此次会议并没有宣布英国和非洲国家达成的具体的投资和贸易项目。虽然这次会议达成的实质成果未见报道，但参会的英国政府官员都表达了进一步加强英非经贸投资关系的决心。英国首相约翰逊在会议致辞中表示，虽然自 2020 年 1 月 20 日首届英非投资峰会召开以来发生了许多事情，如英国“脱欧”、新冠肺炎疫情流行等，但他致力于使英国成为非洲的优选投资伙伴的决心没有改变。英国非洲事务部部长杜德里奇指出，英国正与非洲国家一起努力构建更

① https：//assets. publishing. service. gov. uk/government/uploads/system/uploads/attachment_ data/file/859314/2020_ 01_ 20_ AIS_ -_ UK_ Government_ Statement_ -_ Final_ Version. pdf，visited on 12 April 2021.

紧密的伙伴关系，以确保投资、出口、就业和经济的增长，使英国和非洲的企业都能从中受益。英国国际贸易部投资部长格里斯通也认为，加强英国和非洲国家的投资关系对于实现经济复苏具有重要的作用。

举办英非投资峰会是英国政府加强投资经贸关系的重要举措，也是英国政府重视与非洲建立繁荣伙伴关系的体现。英国新政府之所以日益重视与非洲建立繁荣伙伴关系，主要是出于以下几点考虑：一是越来越大的非洲市场。例如，非洲 2050 年将有 20 亿以上人口，全球 25% 的消费者将集中在非洲，2018 年英国对非贸易额已达 360 亿英镑，增长了 7.5%。二是越来越多的对非投资机会。在全球 15 个经济增长最快的国家中，有 8 个是非洲国家，到 2040 年非洲的基础设施投资缺口将高达 1.6 万亿美元。2018 年英国对非投资存量为 380 亿英镑，增长了 13.8%。三是应对来自其他国家特别是中国的竞争。例如，鲍里斯·约翰逊首相在首届英非投资峰会开幕式致辞中专门提到了来自中国、俄罗斯和德国的竞争。四是缓解"脱欧"以后面临的对外贸易困境。英国在 2020 年 1 月 31 日正式"脱欧"，"脱欧"后非洲国家将不能再利用欧盟与非洲之间的优惠贸易安排和英国进行经贸往来，因此，英国现在非常重视与非洲国家的双边经贸关系。

英国政府还非常重视通过举办投资会议加强与非洲重要国家的经贸关系，扩大在这些国家的投资。英国与南非、尼日利亚、肯尼亚、加纳等非洲国家有紧密的经贸联系，为了进一步加强英国与这些国家的经贸关系，英国与他们联合举办了各类经贸投资会议。例如，英国与尼日利亚在 2018 年 8 月发起成立了英国—尼日利亚经济发展论坛，该论坛每年举办两次，以作为双方促进经济联系的平台。为了促进双方的农业投资与合作，尼日利亚伦敦商业论坛还在 2020 年 6 月 24 日在伦敦举办了英国—尼日利亚农业投资峰会。英国国际贸易部还与尼日利亚奥干州政府合作，在2021年4月21日举办了英国—尼日利亚投资峰会，以推动向尼日利亚的基础设施进行投资。南非是英国在非洲的最大贸易伙伴，英国一直非常重视与南非的经贸关系。2021年5月6日，时任英国外交大臣拉布在与南非国际关系与合作部部长潘德尔（Pandor）会谈后共同表示，英国将与南非启动英国—南非工作小组，以进一步加强双方的经贸联系。① 加纳是英国在西非的另一个重要经贸伙伴。2019年英国在加纳的投资存量约为34亿英镑。“脱欧”公投后，英国非常重视与加纳的经贸关系，双方还在2019年5月签署了战略伙伴关系协定。2017年7月22日，英国—加纳商会在伦敦举办了首次英国—加纳投资峰会，以促进加纳成为英国公司和投资者的投资目的地，此次峰会有250多名高级商业专业人士和领导人参加。随后于2018年4月和10月在伦敦和阿克拉举办了第二届和第三届英国—加纳投资峰会。② 英国—加纳投资峰会对于促进加纳经济转型，推动加纳脱离援助（Ghana beyond Aid）议程，实现加纳“一区一工厂”（one district one factory）政策发挥了积极作用。肯尼亚是英国在东非地区的重要经贸伙伴。2020年1月21日，英国首相约翰逊与肯尼亚总统肯雅塔宣布双方建立为期5年的战略伙伴关系。为帮助肯尼亚实现“四大优先目标”（Big Four Priorities），③ 英国与肯尼亚自2019年起就发起设立了英国—肯尼亚经济发展论坛，以探讨如何通过投资促进经济增长，

① https：//www. gov. uk/government/news/foreign-secretary-meeting-with-naledi-pandor-south-african-minister-of-international-relations-and-cooperation-6-may，visited on 11 May 2021.

② https：//www. gov. uk/government/news/uk-ghana-investment-summit，visited on 15 March 2021.

③ 即肯雅塔政府在2017年11月制定的四个优先发展目标：制造业、可负担的住房、全民医保、粮食安全。详细介绍参见https：//big4. delivery. go. ke/，visited on 10 May 2021.

增加就业。①

②发挥专门机构在对非投资中的作用

非洲作为发展中国家最为集中的大陆，对投资的需求非常巨大。据估计，要实现联合国2030年全球可持续发展目标，每年至少需要2.5万亿美元的投资，而现在的投资水平只能勉强满足一半的需求。为了推动对非投资，英国政府还特别重视一些专门机构如英国开发金融机构CDC集团、英国出口信贷（UKEF）、英国私人基础设施开发集团（PIDG）等在对非投资中的作用。

CDC集团成立于1948年，是英国的开发金融机构，完全由英国政府所有。CDC集团隶属于英国政府国际发展部，向基金管理人提供资金，对新兴市场特别是撒哈拉以南非洲与南亚前景看好的业务进行投资。它是世界上第一个具有70多年成功支持非洲和南亚业务可持续长期增长经验的影响力投资者。CDC集团是联合国可持续发展目标的英国倡导者。②CDC集团是非洲最大的双边开发投资者，英国政府非常重视通过CDC集团促进对非投资。特蕾莎·梅首相2018年8月在开普敦的演讲中宣布，英国将在2022年成为七国集团中最大的对非投资者，为此，CDC集团在未来四年（2018—2021年）在非洲的投资将高达35亿英镑。此外，CDC集团还在肯尼亚、埃塞俄比亚和尼日利亚增设了三个办公室。在2020年1月的首届英非投资峰会上，CDC集团宣布新的对非3亿英镑投资承诺，并计划到2022年在非洲再追加20亿英镑投资。③ 新冠肺炎疫情暴

① https://www.gov.uk/government/news/uk-kenya-economic-development-forum-new-uk-funding-for-prosperity, visited on 9 April 2021.

② https://www.cdcgroup.com/en/about/our-company/, visited on 11 May 2021.

③ https://assets.publishing.service.gov.uk/government/uploads/system/uploads/attachment_data/file/859314/2020_01_20_AIS_-_UK_Government_Statement_-_Final_Version.pdf, visited on 8 May 2021.

发，引发了许多关于投资者是否会远离非洲的争论。“脱欧”后，英国对外政策向印太倾斜，这使得 CDC 集团对非洲的新承诺变得更加重要。2021 年 1 月，在接受采访时，CDC 集团负责人表示，CDC 集团会坚持扩大对非投资，承诺在 2021 年再次向非洲企业投资超过 10 亿美元。过去三年，CDC 集团对非洲企业的投资超过 27 亿英镑。2019 年，CDC 集团的投资支持了非洲超过 32 万个直接就业岗位，为当地经济贡献了近 15 亿美元的税收。①

英国出口信贷是英国的出口信贷机构，它通过向英国企业提供帮助，使英国私营市场更完整。英国出口信贷的主要工作是帮助英国公司通过向买家提供有吸引力的融资条款来赢得出口合同；通过支持营运资金贷款来履行合同；以及通过对买家违约进行保险来获得付款。英国出口信贷可以支持任何规模的公司和所有行业的出口，从资本货物到服务和知识产权等无形资产。通过这种方式，与出口商、银行和项目赞助商共同支持英国在世界各地市场的出口与投资。② 在“脱欧”公投后，英国政府更加重视英国出口信贷在推动英国企业投资非洲的作用，扩大了英国出口信贷在非洲的代表处。英国出口信贷也在“脱欧”公投后做了大量工作帮助英国企业赢得非洲当地合同。2017 年 1 月，英国出口信贷宣布将斥资 4 亿英镑帮助英国 GE 油气公司赢得加纳海岸角三点地带的油气开发项目。这是欧洲出口信贷机构第一次支持这种融资结构，也是英国出口信贷对非洲项目的第一笔直接贷款。在整个项目期间，对加纳海岸角三点地带的能源开发总

① Christopher Walker, “CDC Group Committed to Staying Africa’s Biggest Investor”, https://newsletter.impact-investor.com/editions/week-21/cdc-group-committed-to-staying-africa-s-biggest-investor.html, visited on 9 August 2021.

② https://www.gov.uk/government/organisations/uk-export-finance/about, visited on 15 March 2021.

投资估计为79亿美元，是加纳历史上最大的外国直接投资。[①] 2021年1月，英国出口信贷提供17亿英镑的信贷支持，帮助英国德尔比郡的庞巴迪公司获得埃及政府的两条单轨铁路合同。这是德尔比生产的铁轨在2008年出口南非后，首次出口到埃及。[②] 根据《全球出口信贷机构独立评估报告》，英国出口信贷在2020年向可持续发展项目提供了超过24亿英镑的信贷支持，是2019年的两倍。2020年的出口信贷支持项目涵盖的行业包括可再生能源、生物多样性维护、可负担住房以及食物安全等，主要项目包括加纳的两家医院，赞比亚的108个农村诊所和医院，埃及的单轨电车项目，加蓬、加纳和贝宁的道路修复项目等。[③]

私人基础设施开发集团（PIDG）成立于2002年，是英国一个创新的多方出资的开发金融组织，其主要资助者是英国国际发展部。PIDG的目标是鼓励对发展中国家有助于经济增长和减贫的私人基础设施投资。为了实现这一目标，PIDG建立了一系列基金和投资工具，提供不同类型的财政、实际和战略支持。特蕾莎·梅首相2018年8月在开普敦的演讲中还承诺，英国将通过私人基础设施开发集团投资3亿英镑，帮助非洲国家建设电力、道路和水等重要基础设施。这将为整个非洲的新贸易和商业机会奠定基础。[④]

③重视伦敦金融城的对非融资地位

伦敦金融城在全球国际投资中占有重要地位。特蕾莎·梅

---

① https://www.gov.uk/government/news/ukef-supports-ge-oil-gas-contract-with-major-energy-project-in-ghana, visited on 15 March 2021.

② https://www.gov.uk/government/news/uk-export-finance-unlocks-trade-to-egypt-and-supports-uk-jobs-with-17bn-guarantee, visited on 15 March 2021.

③ https://www.gov.uk/government/news/ukef-doubles-support-for-sustainable-projects-to-24-billion-in-2020, visited on 19 March 2021.

④ https://www.gov.uk/government/news/uk-launches-ambition-to-generate-billions-more-investment-in-africa-to-trigger-transformational-growth, visited on 19 May 2021.

在开普敦的演讲中宣布英国将在2022年成为七国集团中非洲的最大投资者，并推动英国私有企业大量投资非洲。她还指出，英国有实现这一目标的工具，其中之一就是伦敦金融城，它使英国成为无与伦比的全球国际投资中心，管理着超过8万亿英镑的资产。虽然非洲近年来吸引外资势头强劲，但目前非洲吸引的直接投资不到全球直接投资的4%。为了利用伦敦金融城的优势融资地位，推动更多投资进入非洲，英国时任国际发展部部长夏尔马（Alok Sharma）在2020年1月17日宣布了三项新的倡议，以便英国资本能更为容易、迅速、安全地进入非洲。

这三项倡议得到英国近4亿英镑的援助支持，包括：第一，向英国金融部门深化平台提供额外支持，该平台将改善非洲45个发展中国家的金融体系和监管，为国际投资者建立更多信心；引领推动绿色金融产品，改善非洲企业家获得银行账户和贷款的途径。第二，与伦敦金融城合作举办基金经理竞赛，为非洲寻找新的投资产品，这些产品可以在伦敦等主要证券交易所上市，使全球投资者更容易、更有吸引力地将资金大规模投入非洲项目。第三，由于潜在的破坏性汇率波动影响，与世界银行集团的国际金融公司合作建立了一个新的融资手段，以开发更多的当地货币债券，使非洲的企业和政府能够以自己的货币筹集投资，并降低与外币借款相关的风险和成本。这将有助于非洲国家更好地规划和投资未来。① 夏尔马对

---

① https：//www. gov. uk/government/news/uk-government-supporting-city-of-london-to-mobilise-billions-of-pounds-of-investment-to-transform-africa. 在首届投资峰会上，英国政府还宣布了其他一些举措以加强伦敦金融城与非洲国家的伙伴关系，如通过新的监管合作伙伴关系分享英国的专业知识，包括支持毛里求斯举办非洲金融科技节，英格兰银行与摩洛哥马格里布银行合作，以及建立尼日利亚监管沙箱，支持金融科技公司发展。启动新的发展影响债券基金，帮助承销非洲各国政府发行的新债券，以利用日益扩大的影响投资市场，在英国国际发展部的财政支持下，支持联合国全球契约启动其非洲战略，以支持企业为全球目标做出更多贡献等，详细内容参见：https：//assets. publishing. service. gov. uk/government/uploads/system/uploads/attachment_ data/file/859314/2020_ 01_ 20_ AIS_ -_ UK_ Government_ Statement_ -_ Final_ Version. pdf，visited on 13 May 2021.

这些新的倡议充满信心，他认为，"这些在英非投资峰会前宣布的新举措，将使在非洲投资变得更容易、更环保、更安全，调动数十亿英镑的可持续投资来帮助消除贫困"。①

目前，在伦敦证券交易所上市的非洲企业超过120家，伦敦证券交易所因此成为世界上拥有非洲上市企业最多的证交所。这些非洲上市企业的市场资本总值超过1850亿美元，但它们仅占伦敦证交所管理的投资资本的1%。2019年，非洲的两家电讯公司Helios Towers和Airtel Africa还在伦敦证交所进行了首次公开募集，募集资本超过10亿美元。此外，非洲一些国家如安哥拉、埃及、加纳、肯尼亚和尼日利亚还在伦敦证交所发行了主权债券。迄今，已有近60只非洲债券在伦敦证交所交易，募集资本超过500亿美元。这些债券除了以美元、英镑、欧元发行之外，还有以非洲国家当地货币发行的，如南非兰特、肯尼亚先令、加纳塞地、尼日利亚奈拉、卢旺达法郎等。这可以使借款者免受汇率波动的风险。②

（2）"脱欧"公投以来英国对非投资政策的效果

"脱欧"公投以来，英国十分重视对非投资。通过举办英非投资峰会，借助英国出口信贷机构、英国开发金融机构以及伦敦金融城等手段，促进英国对非投资。2016—2018年，英国对非投资流量连续三年持续增加。2019年英国对非投资流量有所下降，为62亿英镑，与2018年英国对非投资流量相比下降了39%。2017—2019年，英国对非投资存量连续三年持续增加，2019年达到506亿英镑，增长了15%。根据世界银行2021年

① https://www.gov.uk/government/news/uk-government-supporting-city-of-london-to-mobilise-billions-of-pounds-of-investment-to-transform-africa, visited on 11 April 2021.

② https://assets.publishing.service.gov.uk/government/uploads/system/uploads/attachment_data/file/859314/2020_01_20_AIS_-_UK_Government_Statement_-_Final_Version.pdf, visited on 21 May 2021.

《世界投资报告》，从对非投资存量来看，英国在2019年超过法国成为非洲的第二大投资伙伴，仅次于荷兰。[①] 但与其他地区相比，非洲吸收的英国直接投资仅占英国对外直接投资总额的3%左右。例如，英国对非投资存量在2016—2019年分别为441亿英镑、340亿英镑、441亿英镑、506亿英镑。同一时期，英国对欧洲的投资存量分别为674亿英镑、729亿英镑、735亿英镑、724亿英镑；英国对美洲的投资存量分别为362亿英镑、401亿英镑、452亿英镑、491亿英镑；英国对亚洲的投资存量分别为153亿英镑、170亿英镑、178亿英镑、185亿英镑。[②] 不过，从投资收益率来看，英国在非洲直接投资的利润是在经合组织国家投资利润的2倍。[③] 从在非投资的项目数量来看，英国（1169个）已成为非洲大陆绿地投资的第二大来源国，仅次于美国（1398个）。非洲其他重要的绿地投资来源国依次分别是法国（1080个）、德国（559个）、阿联酋（540个）、中国（534个）、南非（528个）、印度（478个）、瑞士（379个）、西班牙（361个）。[④]

虽然"脱欧"公投后，英国对非投资取得了一定的成就，但英国对非政策仍遭到其国内一些人士的批评。例如，有人认为，CDC集团的评估过于侧重回报率和创造的就业人数等指标，

① https://unctad.org/system/files/official-document/wir2021_en.pdf#page=56, visited on 19 March 2021.

② https://www.ons.gov.uk/businessindustryandtrade/business/businessinnovation/datasets/foreigndirectinvestmentinvolvingukcompaniesoutwardtables, visited on 12 May 2021.

③ Sherillyn Raga and Dirk Willem te Velde, "Supporting UK Foreign Direct Investment in Africa in 2021", https://set.odi.org/wp-content/uploads/2021/01/Supporting-UK-foreign-direct-investment-in-Africa-in-2021-2.pdf, visited on 19 May 2021.

④ https://www.fdiintelligence.com/article/79327, visited on 12 April 2021.

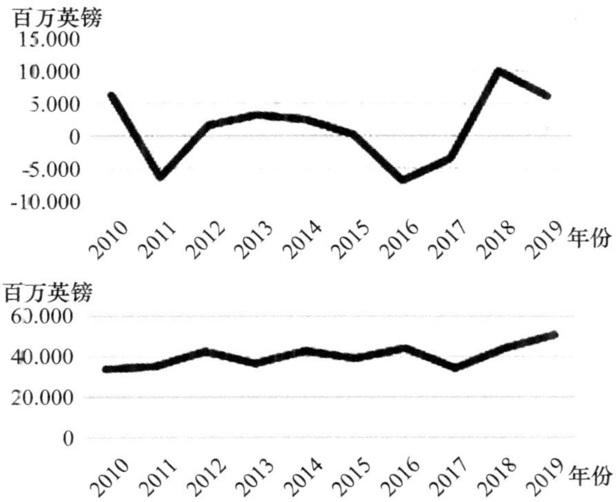

图 1　2010—2019 年英国对非投资流量（上图）、存量（下图）

资料来源：Sherillyn Raga and Dirk Willem te Velde，“Supporting UK Foreign Direct Investment in Africa in 2021”，https：//set. odi. org/wp-content/uploads/2021/01/Supporting-UK-foreign-direct-investment-in-Africa-in-2021-2. pdf，visited on 19 May 2021.

而没有关注投资的发展影响评估，如创造了何种工作岗位、哪些人获得了这些工作岗位等。① 还有人认为，英国政府的对非政策主要关注援助和安全，对私有部门的对非投资关注不够，缺乏一种“与非洲的连贯而全面的中期经济伙伴关系规划”，英非投资峰会还需要有持续的、一致的后续行动等。② 针对英国对非投资政策中出现的一些问题，为了今后进一步扩大对非投资，有人建议英国应采取如下措施：一是设立经济发展援助资金，克服对非投资的一些限制条件，如人力资源、基础设施、市场规模、监管框架、政治风险、安全等。二是支持非洲大陆自贸

① House of Lords Select Committee on International Relations and Defense，“The UK and Sub-Saharan Africa：Prosperity，Peace and Development Cooperation”（1st report of Session 2019 – 21），pp. 85 – 86.

② House of Lords Select Committee on International Relations and Defense，“The UK and Sub-Saharan Africa：Prosperity，Peace and Development Cooperation”（1st report of Session 2019 – 21），pp. 90 – 99.

区的贸易和投资谈判。非洲大陆自贸区的成功运行将有助于外来投资者利用非洲不断增长的人口和日益扩大的市场，英国可考虑建立英国—非洲自由贸易区。三是关注非洲的可持续投资和数字经济。四是支持非洲疫情后的经济复苏工作。①

3. 援助

长期以来，官方发展援助（ODA）在英国的对外关系中发挥着重要作用。发展援助不但提升了英国的国际声誉，而且还扩大了英国的国际影响力。根据经合组织发展援助委员会的定义，官方发展援助是指促进发展中国家经济发展和提高社会福利的政府援助。根据经合组织的标准，军事援助和促进援助国安全利益的援助以及主要具有商业目的的交易如出口信贷等，不能作为官方发展援助。官方发展援助通常以双边和多边方式进行。英国作为发达国家，官方发展援助在其对外关系中发挥了重要作用。长期以来，英国政府常以其作为官方发展援助的主要国家而自豪。官方发展援助不但提升了英国的国际声誉，而且扩大了其国际影响力。英国政府在2013年宣布将其国民总收入的0.7%用于官方发展援助，并在2015年通过立法将这一标准确定下来。2016年6月英国“脱欧”公投以来，英国政府更加重视发展援助在推行“全球英国”理念中的作用。为了更好维护英国的国家利益，特蕾莎·梅政府提出了不同于以往的对外援助原则。约翰逊政府更是明确将对外援助与英国外交政策结合起来。由于疫情影响，约翰逊政府还将英国国际发展部并入英国外交部，同时将每年英国对外援助的数额从国民总收入的0.7%降为国民总收入的0.5%。非洲作为英国对外援助的

① Sherillyn Raga and Dirk Willem te Velde，“Supporting UK Foreign Direct Investment in Africa in 2021”，https://set.odi.org/wp-content/uploads/2021/01/Supporting-UK-foreign-direct-investment-in-Africa-in-2021-2.pdf，visited on 23 April 2021.

主要对象，其对外援助政策的变化必然会影响到英国对非洲的援助。

（1）"脱欧"公投以来英国对非援助政策

英国对外援助政策会随其国家安全战略评估每五年进行一次更新。2015 年 11 月，英国财政部和国际发展部发布了题为"英国援助：为国家利益解决全球挑战"的对外援助战略，用以指导英国 2016—2020 年的对外援助。这次对外援助战略的调整是为了应对新的挑战。这些挑战包括全球不稳定因素增加，中东和北非的难民危机加剧，消除贫困压力加大，自然灾害更为频繁，气候变化威胁上升，等等。① 新的对外援助战略将联合英国政府的全球力量以消除贫困，实现安全，并为发展中国家创造繁荣，同时要坚定支持英国的国家利益。新战略确立的一条明确的指导原则是，英国政府将履行对世界贫穷国家的承诺，并将发展援助置于英国国家安全和对外政策的核心。在这一原则下，英国政府设定了对外援助的四个战略目标。一是加强全球和平、安全与治理。英国政府将投入更多援助解决动荡、冲突和不稳定的原因，以及打击犯罪和腐败。二是强化对危机的弹性能力和应对。这包括对叙利亚和中东与北非地区的发生的危机提供更多支持，对全球公共健康风险提供更多科技资助，以及支持减缓和适应气候变化的努力。三是促进全球繁荣。英国政府将利用发展援助促进发展中国家的经济发展和繁荣，这有助于减少贫困，而且能增加英国在全球的贸易和投资机会。四是解决极端贫困并向世界上最弱势的群体提供帮助。英国政府将尽力在 2030 年前消除极端贫困，并向世界上最贫穷人民提供支持，以确保人人

① HM Treasury, Department for International Development, "UK Aid: Tackling Global Challenges in the National Interest", p. 7, available at https://assets.publishing.service.gov.uk/government/uploads/system/uploads/attachment_data/file/478834/ODA_strategy_final_web_0905.pdf, visited on 21 May 2021.

享有最基本的生活需求，优先考虑女童和妇女的权利。

为了实现上述目标，英国对外援助新战略还阐明了对外援助关注的重点区域以及采用的工作方法。① 根据全球新的形势变化，英国政府将为包括叙利亚和其他中东北非国家在内的脆弱国家以及受冲突影响的国家提供更多援助，将继续为全球最贫穷国家提供充分支持，并继续推动与英国有紧密联系包括历史、文化、离散群体联系的地区的经济发展，如加勒比地区、非洲、南亚等。在工作方法上，为了调动英国的所有专业人才实现上述目标，英国政府将采用一种全政府的工作方法（a whole of government approach）或跨政府部门的工作方法（a cross-government approach），联合各部门的力量共同实施对外援助战略。其中国际发展部仍将发挥主导作用，其他部门会在各自领域进行协作。为确保各部门有效配合，英国政府还设立了三种跨政府部门基金：一是现有的、支持全球安全的冲突、稳定和安全基金（CSSF）；二是支持危机弹性能力和应对的新的官方发展援助危机储备金（ODA Crisis Reserve）；三是支持全球繁荣和机会的新的繁荣基金（Prosperity Fund）。此外，对外援助新战略还就上述目标的具体实施手段和步骤做了详细规定，同时还对对外援助的物有所值（value for money）、透明度、独立性等评价指标要达到的效果及评估手段提出了明确要求。②

---

① HM Treasury, Department for International Development, "UK Aid: Tackling Global Challenges in the National Interest", pp. 9 – 10, available at https://assets.publishing.service.gov.uk/government/uploads/system/uploads/attachment_data/file/478834/ODA_strategy_final_web_0905.pdf, visited on 25 April 2021.

② HM Treasury, Department for International Development, "UK Aid: Tackling Global Challenges in the National Interest", pp. 21 – 22, available at https://assets.publishing.service.gov.uk/government/uploads/system/uploads/attachment_data/file/478834/ODA_strategy_final_web_0905.pdf, visited on 21 May 2021.

2016年6月"脱欧"公投后，英国政府基于新的形势对英国的对外援助提出了新的原则和思路，给英国的对外援助战略带来很大改变，这也相应影响到英国的对非援助。其中，2018年8月特蕾莎·梅首相在开普敦的演讲被认为是"脱欧"公投后英国对外援助政策转向的一个重要标志。她在演讲中提到了英国对外援助工作的重要性以及2015年以来英国对外援助所取得的成就，并承诺英国将继续履行将国民总收入的0.7%用于对外援助的承诺，毫不动摇地致力于实现全球可持续发展目标。"但我也要问心无愧地确保我们的援助计划对英国有利。因此，今天我承诺，我们的发展支出不仅将与极端贫困做斗争，而且将同时应对全球挑战和支持我们自己的国家利益。这将确保我们对援助的投入惠及所有人，并与我们更广泛的国家安全优先事项完全一致。"① 具体到实践中，特蕾莎·梅首相指出，英国将帮助一些经济发展较快的国家如科特迪瓦、塞内加尔等维持他们的经济发展水平，并为投资者包括英国公司带来机会；对处于动荡前线的国家和社会如马里、乍得、尼日尔等给予各种形式的支持；利用发展援助项目进一步打击非法资金外流以及有组织犯罪，通过与金融中心和执法部门的合作将非法外流的资金返回非洲和其他地方；以及投入更多资源打击非法移民、现代奴役和人口走私等活动。"这些新的优先事项代表着我们援助项目使用方式的根本战略转变，将发展置于我们国际议程的核心——不但保护和支持最弱势的群体，而且支持面临威胁的国家，塑造一个对所有人都有利的全球经济，并在全球范围内建立支持基于规则的体系的合作。"② 特蕾莎·梅首相在演讲中只是明确提出英国的对外援助必须符合英国的国家利益，而继

① https://www.gov.uk/government/speeches/pms-speech-in-cape-town-28-august-2018, visited on 22 July 2021.

② https://www.gov.uk/government/speeches/pms-speech-in-cape-town-28-august-2018, visited on 22 July 2021.

任的约翰逊首相则进一步提出，要将英国的援助和英国外交政策结合起来，以符合英国政府的“全球英国”理念。他在2020年6月向英国下院进行陈述时指出，“援助和外交政策之间的分界线贯穿我们的整个系统，我们的国际发展部独立于外交部工作，我们的援助预算在白厅的不同部门之间分配”。他还以英国对赞比亚和坦桑尼亚的援助为例，说明英国这种援助和外交并行的制度不能很好维护英国的外交利益，不能使英国的影响最大化。因此，他提议将英国国际发展部并入英国外交部，成立新的外交、英联邦和发展事务部，“这可以把我们的援助和我们的外交结合起来，共同致力于我们的国际事务”。① 虽然这一提议招致很多异议和批评，约翰逊政府还是在2020年9月成功组建了新的外交、英联邦和发展事务部（FCDO）。这一合并不但取消了英国国际发展部在对外援助中的领导地位，而且改变了1997年以来英国历届政府所奉行的将对外援助与英国外交脱钩的实践。特别是，2020年11月，约翰逊政府还宣布，由于疫情给英国经济带来的影响，英国政府自2021年起将把对外援助的数额从此前的国民总收入的0.7%改为国民总收入的0.5%。这一做法不但改变了英国自2013年以来所一直坚持的对外援助水平，而且违反了英国2015年《国际发展法》的规定，这会对英国对外援助带来显而易见的影响。

由于英国2015年的对外援助战略将在2020年年底结束，2020年12月2日时任英国外交大臣拉布写信给英国下院国际发展委员会主席萨拉（Sarah Champion MP），表示英国外交、英联邦和发展事务部将制定新的发展援助战略框架以取代2015年的对外援助战略。② 为了使未来的对外援助战略框架更为有效和具

① https://www.gov.uk/government/speeches/prime-ministers-statement-to-the-house-of-commons-16-june-2020, visited on 21 June 2021.

② https://committees.parliament.uk/publications/3683/documents/38142/default/, visited on 13 May 2021.

有战略性，拉布在信中指出，新的对外援助战略框架将从三个方面强化英国援助的战略优先事项：一是结束英国政府不同部门政策优先事项各自为政的局面，所有对外援助将集中于英国可以带来巨大改变的七个全球挑战（优先目标）。二是英国对外援助将只关注可以将英国的发展、安全和经济利益融合在一起的那些国家，如撒哈拉以南非洲以及印太地区。英国外交部将确保英国的援助与外交努力结合起来。三是英国对多边发展银行的关键投入将以这些战略目标为基础。英国会继续成为世界银行的最大捐赠者以及世界卫生组织的主要捐赠者，以帮助塑造全球发展援助。英国政府还准备采用三种措施提高英国跨政府部门援助的质量：其一，英国外交、英联邦和发展事务部将最终决定分配给其他政府部门的官方发展援助的数量；其二，所有援助项目将通过英国外交、英联邦和发展事务部领导的程序进行评估；其三，取消严格、过时的总运行成本控制机制，而采用更为灵活的行政成本控制框架。

英国外交大臣拉布在信中提到的2021年英国对外援助的七个优先目标分别是气候和生物多样性、全球卫生健康、开放社会和冲突解决、女童教育、人道危机预防和应对、科学和技术，以及贸易和经济发展。2021年4月21日，拉布还在递交给英国下院的书面陈述中详细说明了英国外交、英联邦和发展事务部本财年的发展援助预算安排情况。2021年英国外交、英联邦和发展事务部负责实施的发展援助数额为81.15亿英镑，约占英国对外援助的80%。其中七个优先目标分配的数额分别是：气候变化与生物多样性，5.34亿英镑；新冠肺炎疫情与全球卫生健康，13.05亿英镑；女童教育，4亿英镑；人道危机预防和应对，9.06亿英镑；开放社会和冲突解决，4.19亿英镑；科学和技术，0.38亿英镑；贸易和经济发展，4.91亿英镑；其他三项如金融交易、跨部门支出、固定费用等共计 40.22 亿英镑。①

英国政府在 2021 年 3 月公布的《竞争时代的全球英国：安全、防务、发展和外交政策综合评估报告》确认了拉布提出的 2021 年英国对外援助的七个优先目标，以提高英国作为向善的力量的影响力。英国政府还在其报告中指出，"我们将保持我们对非洲的承诺，要特别关注东部非洲以及重要伙伴，如尼日利亚，同时增加在印太地区的发展努力"。② 对此，英国外交大臣拉布在其有关 2021 年英国发展援助预算安排说明的书面陈述中进行了回应，为确保英国作为"在非洲的向善的力量"以及在向印太地区的战略倾斜中发挥最大影响力，英国外交、英联邦和发展事务部将把其一半的双边发展援助用于非洲，包括很大一部分用于东非地区，以反映英国的独特作用和明确的国家战略利益；把三分之一的双边发展援助用于印太和南亚地区，以支持英国在该地区的更深介入。③ 英国政府还在其报告中要求英国外交、英联邦和发展事务部在 2021 年英国对外援助优先目标的基础上制定新的国际发展战略，以确保自 2022 年起英国的发展援助能够与英国对外援助战略框架的目标紧密结合起来。但英国外交大臣在 2021 年 4 月表示，目前还没有公布英国国际发展战略的确定时间框架，也许会在 2021 年或 2022 年发布。④

---

① https://www.gov.uk/government/speeches/uk-official-development-assistance-oda-allocations-2021-to-2022-written-ministerial-statement, visited on 22 July 2021.

② HM Government, "Global Britain in a Competitive Age: The Integrated Review of Security, Defence, Development and Foreign Policy", p. 46.

③ https://www.gov.uk/government/speeches/uk-official-development-assistance-oda-allocations-2021-to-2022-written-ministerial-statement, visited on 21 August 2021.

④ Philip Loft, "Integrated Review: International Development", *Briefing Paper*, No. 9208, 28 April 2021, p. 15.

（2）"脱欧"公投以来英国对非援助政策的效果

总体来看，英国2015年对外援助新战略提出以来，特别是在"脱欧"公投后，英国对外援助在总趋势上呈现稳中有升，没有出现太大的波动。自2013年英国首次实现将国民总收入的0.7%用于对外援助后，至2020年英国已连续8年实现了这一目标。2013—2019年，随着英国国民总收入逐步增加，英国对外援助的数额也平均每年增加6.29亿英镑左右。2020年由于疫情对英国经济带来的影响，英国国民总收入有所下降，导致2020年的对外援助数额将为145亿英镑，与2019年的152亿英镑相比，下降了4.7%。①

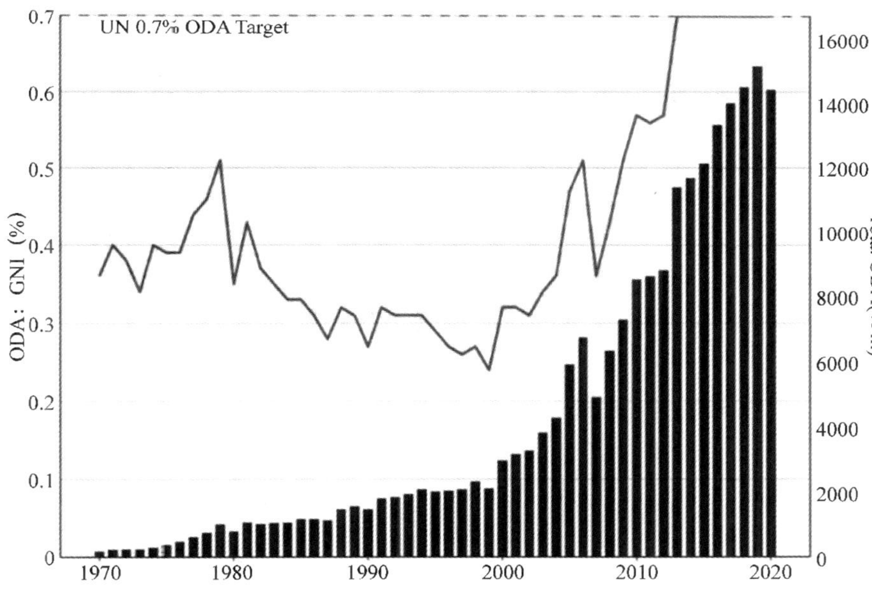

图2 1970年以来，英国对外援助发展水平与国民总收入的关系

资料来源：英国外交部网站https：//www.gov.uk/government/statistics/statistics-on-international-development-provisional-uk-aid-spend-2020/statistics-on-international-development-provisional-uk-aid-spend-2020，visited on 11 October 2021.

① https：//www.gov.uk/government/statistics/statistics-on-international-development-provisional-uk-aid-spend-2020/statistics-on-international-development-provisional-uk-aid-spend-2020，visited on 15 September 2021.

英国对外援助的实施主体是英国国际发展部。在 2015 年以前，英国国际发展部负责的双边对外援助的数额一直占英国总双边援助数额的 80% 以上，其他部门如企业、能源和工业战略部、外交部、内政部都只负责很小比例的对外双边援助。2015 年英国对外援助新战略出台后，英国国际发展部负责的双边援助数额比例有所下降。2019 年英国国际发展部仅支出了英国对外援助的 73% 。

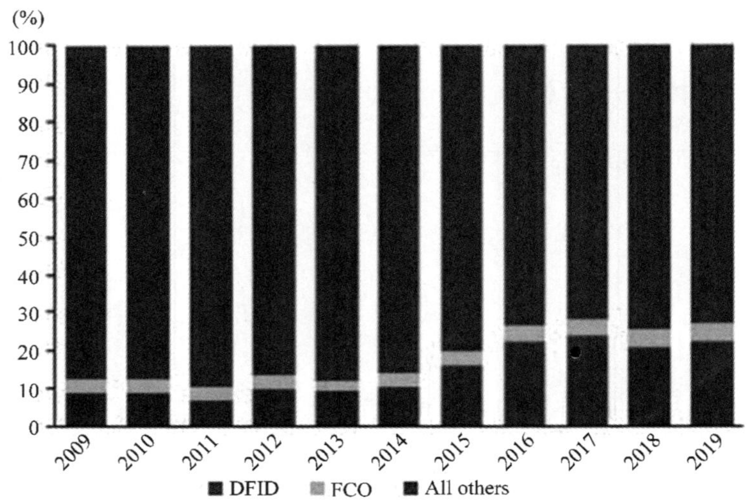

图 3　英国国际发展部、外交部以及其他部门支出的对外援助的比例

资料来源：https：//researchbriefings. files. parliament. uk/documents/CDP-2020-0077/CDP-2020-0077. pdf，visited on 23 May 2021.

在对外援助的实施途径上，英国主要是通过双边和多边途径进行对外援助的。其中双边援助即直接向特定国家、地区或项目实施的援助在英国对外援助中占有很大份额。例如，在 2019 年英国 152 亿英镑的对外援助中，双边援助高达 101 亿英镑，占英国对外援助的 67%；通过世界银行、欧洲委员会、联合国等多边组织提供的多边援助为 51 亿英镑，占英国对外援助的 33% 。英国大部分援助是通过“信任的伙伴”如非政府组织、承包商进行分发的，小部分（约1500万英镑）援助是作为预算支持直接提供给受援国政府的。①

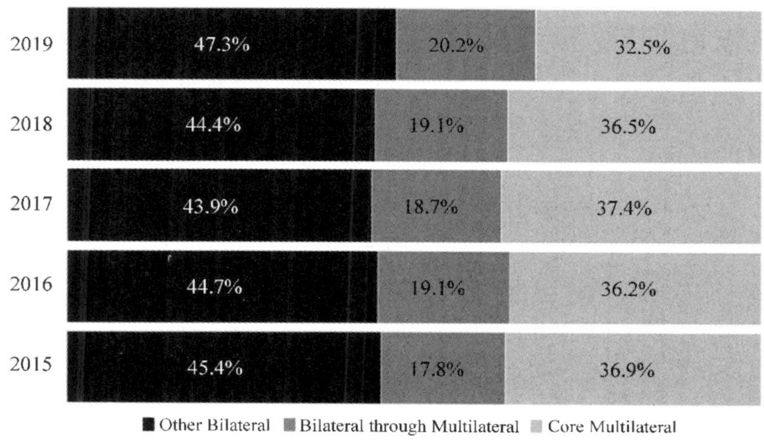

图4　2015—2019年英国对外援助实施途径情况

资料来源：https：//www. gov. uk/government/statistics/statistics-on-international-development-final-uk-aid-spend-2019/statistics-on-international-development-final-uk-aid-spend-2019，visited on 12 June 2021.

英国对外援助的行业可以用2018年英国双边发展援助为例进行说明。在2018年的英国双边发展援助中，接受英国援助最多的前五个行业分别是多行业（Multisector，14%），健康（14%），人道主义（14%），政府和民间社会（13%），经济基础设施（12%）。②

在英国的对外援助中，非洲一直是最大的受援方。自2015年以来，英国对非洲的双边发展援助稳步增加，2017年因大量

---

① House of Commons International Development Committee，"Effectiveness of UK Aid：Interim Findings"，Second Report of Session 2019 - 21，p. 10 - 11，visited on 11 July 2021.

② https：//assets. publishing. service. gov. uk/government/uploads/system/uploads/attachment _ data/file/857904/Statistics-on-International-Development-final-aid-spend-2018d. pdf，visited on 15 August 2021.

人道主义援助达到高峰，2018 年短暂下降到 28.63 亿英镑。尽管自 2018 年以来有所增加，但对非洲的双边官方发展援助总额仍低于 2017 年的“峰值”。[①] 由于疫情的影响，2020 年英国对非洲的双边援助数额比 2019 年减少了 4.25 亿英镑，为 22.26 亿英镑，但非洲接受的英国双边援助的比例仍是最高的，占英国对外援助总额的 55.4%，这一比例比 2019 年的 53.9% 有所提高。[②]

在英国对外援助中，大约有 70%—80% 的双边援助分配给了前 20 个国家，而这前 20 个国家，大部分是非洲和亚洲国家，其中非洲国家占了一半以上。例如，在 2019 年接受英国双边援助的前 20 个国家中，非洲国家有 11 个，分别是埃塞俄比亚、尼日利亚、南苏丹、刚果（金）、索马里、乌干达、坦桑尼亚、肯尼亚、莫桑比克、津巴布韦和苏丹。在 2020 年接受英国双边援助的前 20 个国家中，非洲国家有 10 个，分别是埃塞俄比亚、尼日利亚、索马里、南苏丹、苏丹、刚果（金）、津巴布韦、坦桑尼亚、肯尼亚和乌干达。20 个国家中的前三名都是非洲国家，它们是埃塞俄比亚、尼日利亚和索马里。[③] 从 2015 年以来的情况看，接受英国双边援助最多的非洲国家基本都是英语国家或英联邦国家。这也符合英国对外援助的原则，即强调英国与受

---

① https：//www.gov.uk/government/statistics/statistics-on-international-development-final-uk-aid-spend-2019/statistics-on-international-development-final-uk-aid-spend-2019，visited on 11 April 2021.

② FCDO，“Statistics on International Development：Provisional UK Aid Spend 2020”，p. 12，https：//assets.publishing.service.gov.uk/government/uploads/system/uploads/attachment_data/file/976923/Statistics-on-International-Development-Provisional-UK-Aid-Spend-2020a.pdf，visited on 23 July 2021.

③ https：//www.gov.uk/government/collections/statistics-on-international-development # statistics-on-international-development：-aid-spend-2020，visited on 25 October 2021.

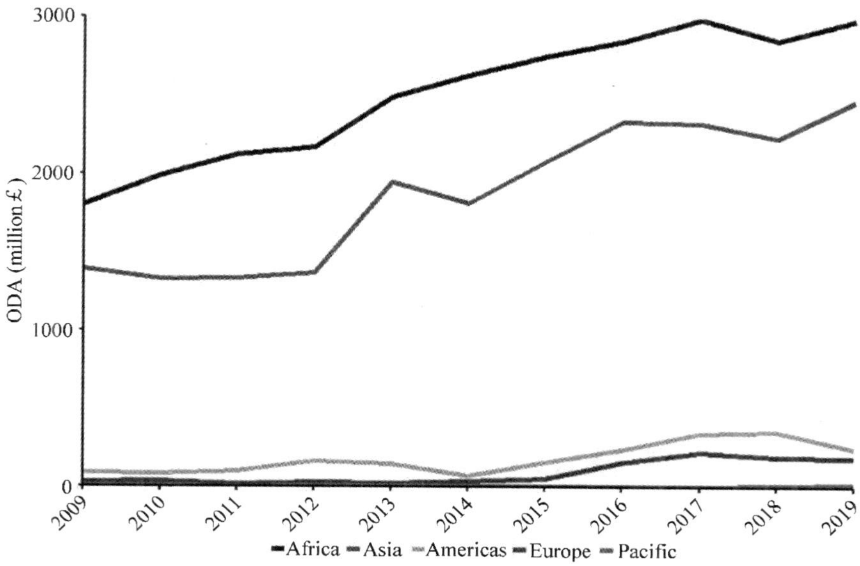

图 5 2009—2019 年英国双边援助的接受地区

资料来源：https：//www. gov. uk/government/statistics/statistics-on-international-development-final-uk-aid-spend-2019/statistics-on-international-development-final-uk-aid-spend-2019，visited on 12 August 2021.

援国的历史、文化、经济等方面的联系。

2020 年新冠肺炎疫情暴发后，英国及时对双边援助进行了相应调整，以应对疫情带来的影响。① 2020 年英国承诺提供的 13.9 亿英镑援助主要用于以下三个领域：一是疫苗、检测和研究。英国承诺提供 8.29 亿英镑支持疫苗的开发和分配、检测以及治疗。其中 5.48 亿英镑用于新冠肺炎疫苗实施计划（COVAX），2.5 亿英镑提供给流行病防范创新联盟（CEPI）。二是经济应对。2020 年 3 月，英国向国际货币基金组织设立的灾难防控和救济基金提供 1.5 亿英镑，以向受自然灾害或公共卫生危机影响的最贫穷国家提供免债补贴。截至 2020 年 12 月，已

① Philip Loft，"UK Response to Covid 19：International Aid and Diplomacy"，27 July 2021，pp. 10 – 11.

有28个国家获得了该基金的援助。三是支持国家弹性能力建设。英国将提供3.12亿英镑支持全球卫生应对以及国内弹性能力建设，如向联合国粮食计划署提供资金支持，向巴西、南非等中低收入国家提供清洁设施等。在2021年援助预算中，英国用于新冠肺炎疫情和全球公共卫生的援助高达13亿英镑，是在所有其他优先事项中援助数额最高的一项。英国政府还宣布在未来4年向世界卫生组织提供3.4亿英镑，在未来5年向全球疫苗联盟提供16.5亿英镑的支持。为帮助非洲有效应对疫情，英国对包括非洲之角在内的一些双边援助项目进行了调整。英国的援助还帮助一些非洲国家提高了病毒检测和疫苗研发能力，向南非、赞比亚等国家直接派出了医疗专家，帮助他们防控疫情，还向刚果（金）等非洲国家提供了相应的医疗设备等。此外，英国政府向非盟提供了2000万英镑用于其应对基金，英国公共卫生署还与非洲疾控中心进行合作，以帮助评估病毒变异情况并作出相应公共卫生决策。①

（三）英国与非洲的安全合作及效果

在“全球英国”理念下，英国强调会更加开放和外向，会更加注重海外利益的保护。非洲近年来频发的恐怖主义活动、大量的非法移民给国际社会特别是欧洲国家带来很大的安全隐患。气候变化和疫情的影响会加剧非洲的不稳定形势，因此，英国在“脱欧”公投后更加重视与非洲在和平安全领域的合作。2018年6月26日，英国时任非洲事务部部长鲍德温在论及英非关系时说，“英国过去一直是——而且将永远是——非洲和平、安全与稳定的坚定伙伴。我们会坚持这么做，因为这么做绝对

① Philip Loft, “UK Response to Covid 19: International Aid and Diplomacy”, 27 July 2021, p. 15.

符合我们的国家利益——恐怖主义、非法移民和现代奴役是不分国界的”。① 英国政府制定的一些有关安全、防务的文件或报告也都强调了与非洲加强和平安全领域合作的重要性。英国政府在2018年3月发布的《国家安全能力评估》阐明了为实现保护英国人民、发挥英国全球影响力以及促进英国的繁荣这三个国防目标，英国应在防务、反恐、网络、有组织犯罪、全球英国等领域采取的措施。在“全球英国”这一领域，该报告强调英国应与海湾地区以及中东和北非地区的重要伙伴保持有力联系，对非洲的关注将调整和扩大，以适应非洲大陆快速增长的年轻人口所带来的压力和机遇。② 英国国防部随后发布的《国防动员、现代化和转型：国防项目现代化报告》指出，英国国防部会继续支持尼日利亚和马里的反恐行动，会继续参与联合国和非盟维和使团的工作，并在非洲大陆建立伙伴关系，以支持包括女性、和平和安全议程在内的活动，同时继续向非洲国家军队提供培训和指导。③ 英国政府在2021年3月公布的《竞争时代的全球英国：安全、防务、发展和外交政策综合评估报告》也强调了英国与非盟以及一些重要非洲国家在安全、防务、冲突解决等领域的合作，并重申继续支持联合国和非盟在索马里和马里的维和行动。④

---

① https://www.gov.uk/government/speeches/minister-baldwin-spe ech-on-uk-africa-relations. visited on 12 May 2021.

② HM Government, “National Security Capability Review”, 2018, p. 33.

③ Ministry of Defence, “Mobilising, Modernising & Transforming Defence: A Report on the Modernising Defence Programme”, 2018, p. 11, p. 22.

④ HM Government, “Global Britain in a Competitive Age: The Integrated Review of Security, Defence, Development and Foreign Policy”, p. 63.

目前，非洲是英国本土以外拥有最多英国军队的地区。[①] 英国2015年的《战略防务与安全评估报告》就首次提出，防务介入应成为核心的防务任务。"脱欧"公投后，英国更加强调海外防务介入，以保护英国的利益。2017年2月，英国国防部与英国外交部联合启动了新的《国际防务介入战略》，扩大英国防务的海外布局，其中就包括在非洲的防务介入。根据这一新的战略，英国将在海湾、亚太和西非新设三个地区性英国防务联络处（BDF），增设萨赫勒防务处（Defense Section）。[②] 英国的西非防务联络处设在尼日利亚首都阿布贾，以帮助尼日利亚及其乍得湖周边地区的盟友以及其他西非国家打击与"博科圣地"有关的恐怖主义活动；而萨赫勒防务处将覆盖塞内加尔、尼日尔、冈比亚、马里等国，以支持这一地区的反恐行动。2019年英国外交部提出的英国对非新战略还明确将萨赫勒地区列为五大重点领域之一，并且认为其他四项重点领域的问题都在萨赫勒地区有所体现，英国政府将与它这一地区的盟友一起，"寻求遏制对地区安全以及更广泛的英国利益带来的威胁"，并"通过提供关键的人道主义支持使移民更为安全"。[③] 除了萨赫勒这一英国传统上不经常介入的地区外，英国也加强了在北非地区的防务介入。例如，仅在2018年一年，就有多位英国国防部高官访问埃及，并且英国军队与埃及军队联合进行了多次演习。

综合来看，"脱欧"公投以来，英国与非洲在和平安全领域的合作主要集中在以下五个方面：反恐、军事培训、维持和平、

① https://www.army.mod.uk/deployments/africa/, visited on 13 June 2021.

② https://www.gov.uk/government/news/uks-global-role-reinforced-in-new-international-defence-engagement-strategy, visited on 11 June 2021.

③ http://data.parliament.uk/writtenevidence/committeeevidence.svc/evidencedocument/foreign-affairs-committee/beyond-aid-the-uks-strategic-engagement-in-africa/written/105575.html, visited on 21 July 2021.

打击非法野生动植物贸易等有组织犯罪，以及关注冲突中的女性和女童权利。反恐、军事培训与维和及和平安全直接相关，有组织犯罪以及女性和女童权利虽与和平安全没有直接关系，但它们给和平安全带来的间接影响却十分巨大。各类有组织犯罪如非法资金外流、非法野生动植物贸易、非法盗猎、网络欺诈等每年给英国带来大量的人员和财产损失，而且非法资金外流、非法野生动植物贸易等也容易产生腐败问题，甚至造成社会动荡和冲突。在非洲，女性和女童不但是冲突中最容易受到伤害的群体，而且她们在维持和平安全方面的作用往往被忽视。因此，重视非洲女性和女童权利也是非洲维持和平安全的一个重要考虑因素。英国政府在其防务、安全战略中强调利用融合理论（the Fusion Doctrine），采用全政府工作方法，也是希望综合利用政治、经济、安全等各种手段，联合政府各个部门，努力消除对和平安全带来的威胁。①

在反恐方面，英国继续加大打击索马里青年党和尼日利亚"博科圣地"的力度，扩大在萨赫勒地区的反恐介入。2016 年，英国向尼日利亚派遣了 350 多名军人以支持常驻在当地的英国军事顾问和训练队开展对尼日利亚部队的培训，以便更有力打击"博科圣地"。这也是英国向尼日利亚派驻的最大规模的短期训练队。自 2015 年以来，英国已帮助培训了 3 万多名尼日利亚军人，他们已成为打击"博科圣地"的重要武装力量。2018 年 8 月，英国与尼日利亚签署了首份安全与防务伙伴关系协定，双方将进一步加强合作打击"博科圣地"和西非"伊斯兰国"极端组织。根据该协议，英国将向尼日利亚军队提供培训和装备，以免受恐怖组织简易爆炸装置的袭击。同时，英国还将首次帮助尼日利亚训练整建制军队单位，而此前英国对尼日利亚士兵

① HM Government, "National Security Capability Review", 2018, pp. 10 - 11.

是以单独而不是战斗小组的形式训练的，这将使他们能够更好地打击恐怖分子。① 在2020年1月召开的首届英非投资峰会上，英国首相约翰逊还与尼日利亚总统布哈里探讨了英国对尼日利亚打击恐怖主义的支持，并承诺向尼日利亚提供必要的协助和技能，以帮助尼日利亚政府解救被恐怖分子绑架的女学生。② 在索马里，英国除了派出军人支持索马里的反恐行动外，还在索马里首都摩加迪沙设立了英国总部，以协调英国在索马里的行动。2017年5月，英国政府在伦敦召开了第二届索马里大会，以探讨如何解决索马里的和平安全问题。就在此次会议召开前，英国时任外交大臣约翰逊还首次访问索马里，与索马里总统和总理共同探讨了两国如何合作改善索马里的安全形势。③ 2018年4月，英国时任武装部队部长兰卡斯特（Mark Lancaster）对东非埃塞俄比亚、索马里、肯尼亚、卢旺达、南苏丹五国进行了为期一周的访问，他重申英国会支持东非地区的和平安全行动，帮助这一地区实现繁荣和稳定。④ 在萨赫勒地区，英国除了向法国开展的"薮猫行动""新月形沙丘行动"提供后勤支援外，还扩大了在这一地区的网络存在，例如，英国在毛里塔尼亚、马里升级了大使馆，在乍得、尼日尔新设了大使馆，还设立了萨赫勒防务处。2018年2月23日，在布鲁塞尔召开的萨赫勒大会上，英国时任国际发展部部长莫当特代表英国首相宣布，英国将在未来2年向萨赫勒五国联合部队提供2000万英镑的支

① https://www.gov.uk/government/news/uk-and-nigeria-step-up-co-operation-to-end-boko-haram-threat, visited on 11 July 2021.

② House of Lords Select Committee on International Relations and Defence, "The UK and Sub-Saharan Africa: Prosperity, Peace and Development Co-operation" (1st Report of Session 2019 – 21), p. 120.

③ https://www.gov.uk/government/news/foreign-secretary-visits-somalia--2, visited on 21 May 2021.

④ https://www.gov.uk/government/news/uk-reaffirms-african-military-commitments-after-five-nation-visit, visited on 11 July 2021.

持，以帮助打击这一地区的极端主义和贫困。① 此外，英国还在2020年12月首次向联合国马里多层面综合稳定团派遣了300名军人。②

在军事培训方面，英国近些年很少直接派军队参与非洲的有关维和、反恐行动，而是加大了对非洲军队的培训力度。迄今，英国有三分之二的全球短期军事培训项目就是在非洲进行的，相当于每年培训18000人次。③ 英国对非洲军队的培训主要是由设在肯尼亚的英国"和平支持队"（BPST）和英国军队训练队（BATUK）进行的。英国"和平支持队"最初主要是针对东非进行培训的，但目前它基本面向整个非洲进行培训，已向22个非洲国家提供过军事培训。从形式上看，英国"和平支持队"采取的培训形式包括联合培训、单独培训、反盗猎培训。联合培训是指英国军队与非洲国家军队联合进行的培训项目。例如，2017年1月，来自英国女王龙骑卫兵团的95名士兵与来自塞拉利昂武装部队的25名士兵进行了联合丛林训练，以学习在丛林环境中的生存和战斗技能；④ 2018年1月，英国防务学院联合加纳科菲安南国际和平训练中心对来自布基纳法索、冈比亚、马里、尼日尔、多哥等西非国家的防务、安全部门的36名学员进行了为期一周的有关安全问题的培训。⑤ 单独培训是指英国军队对非洲某一国家或某一地区的军队人员进行培训，以

① https：//www. gov. uk/government/news/penny-mordaunt-represents-uk-prime-minister-at-sahel-conference，visited on 11 July 2021.

② https：//www. gov. uk/government/news/300-british-troops-deploy-to-mali-on-un-peacekeeping-mission，visited on 11 July 2021.

③ https：//www. gov. uk/government/news/sierra-leone-jungle-training-underlines-britiains-role-in-africa，visited on 11 July 2021.

④ https：//www. gov. uk/government/news/sierra-leone-jungle-training-underlines-britiains-role-in-africa，visited on 11 July 2021.

⑤ https：//www. gov. uk/government/news/ukinghana-and-kaiptc-join-forces-to-deliver-military-training，visited on 11 July 2021.

提高他们的军事技能和反恐能力等。例如，2017 年 10 月，英国东非“和平支持队”对来自布隆迪、科摩罗、吉布提、卢旺达、塞舌尔、索马里、苏丹和乌干达等国的 21 名东非常备军学员进行了为期 5 天的后勤培训，这有利于东非地区的和平与稳定；① 2021 年 6 月，驻扎在索马里的英国军队对索马里国民军进行了三次不同项目的培训，以提高他们打击青年党的能力。② 反盗猎培训是指为了从源头上杜绝非法野生动植物贸易，由英国军队向非洲国家的一些国家公园巡逻人员提供的打击盗猎野生动物如大象、犀牛、狮子等的行为的培训。自 2016 年以来，英国军队已向加蓬、乌干达、肯尼亚、马拉维、赞比亚、南非等国的公园巡逻人员进行了此类培训。

在维和方面，英国为欧盟、非盟和联合国在非洲的维和行动提供大量资金、物资和人员支持。例如，2016 年，英国为联合国提供的资金占联合国维和行动总费用的 5.8%，约 4.6 亿美元，支持了联合国在科特迪瓦、马里和利比里亚的维和行动。英国还提供飞机支持联合国在马里的维和行动，派遣军队参加了联合国在索马里和南苏丹的维和行动。2017 年 4 月，英国时任武装部队部长潘宁（Mike Penning）在视察英国驻南苏丹的维和部队时表示，英国将在年内增派 400 名士兵到南苏丹，这将是英国在全球最大的士兵派遣行动。同时，英国还将为南苏丹建设能够支持1000 名维和人员的野战医院。③ 2020 年 12 月，英国首次派遣 300 名士兵参加了联合国在马里的维和行动。此外，英国“和平支持队”还为非洲国家即将派驻执行联合国或非盟

① https://www.gov.uk/government/news/uk-sponsors-east-africa-st and-by-force-map-exercise, visited on 11 July 2021.

② https://www.gov.uk/government/news/british-military-train-somali-army-in-baidoa, visited on 11 July 2021.

③ https://www.gov.uk/government/news/british-troops-continue-support-to-un-south-sudan-mission, visited on 11 July 2021.

在非洲地区维和行动的士兵提供维和行动前的军事培训。例如，自 2017 年以来，英国已先后为乌干达、埃塞俄比亚、马拉维等国的维和士兵进行了培训，他们将被派驻索马里、南苏丹和刚果（金）执行维和任务。①

在打击非法野生动植物贸易等有组织犯罪方面，英国对非新战略在阐述五大优先领域之一的"安全与稳定"时强调，英国应支持一些非洲国家提高他们解决有组织犯罪（包括非法移民、毒品以及非法资金外流等）的能力，以促进经济增长。为此，英国政府采取了许多措施打击非洲的有组织犯罪，以消除影响非洲安全与稳定的不利因素。上面提到的英国军队对非洲国家公园巡逻人员进行的反盗猎行为培训就是打击非法野生动植物贸易的一种手段。英国政府还在 2014 年设立了非法野生动植物贸易挑战基金，在过去 8 年该基金已为全球 100 多个野生动植物保护项目提供了近 3000 万英镑的支持，其中大部分项目都位于非洲。② 2018 年 10 月 11—12 日，英国政府在伦敦召开了第四届打击非法野生动植物贸易大会，会上通过了《伦敦非法野生动植物贸易大会宣言》。该宣言陈述了非法野生动植物贸易给全球和地区安全带来的威胁，强调要将非法野生动植物贸易作为严重有组织犯罪（SOC）打击，并倡议与会各国共同合作，减少对野生动植物制品的需求。乌干达、南非、莫桑比克、肯尼亚、尼日利亚等 21 个非洲国家签署了宣言。③ 此次大会召开前，英国政府还宣布成立了"象牙联盟 2024"，力争在 2020 年年底使非洲大象的非法猎杀减少三分之一，到 2024 年年底减少三分之二。为此，英国还在 2018 年 12 月 20 日通过了全球最严

---

① 综合英国政府网站消息，参见https：//www. gov. uk/.

② https：//iwt. challengefund. org. uk/，visited on 11 July 2021.

③ https：//www. gov. uk/government/publications/declaration-london-conference-on-the-illegal-wildlife-trade-2018/london-conference-on-the-illegal-wildlife-trade-october-2018-declaration，visited on 11 July 2021.

格的《象牙法》，对象牙贸易进行了极其严格的限制。①

为将非法转移资金的犯罪分子绳之以法，并将非法转移的资金交还非洲国家，2018 年 8 月 30 日英国首相特蕾莎·梅在访问肯尼亚时宣布了一揽子打击非法资金外流的项目，包括：在重要金融机构设立新的英国技术中心，以更有效打击金融犯罪；在东部和南部非洲加强合作，以便通过法院追回非法资金；通过识别犯罪资金和扣押犯罪财产，帮助肯尼亚当局将金融犯罪分子缉拿归案；对南部和东部非洲的执法官员进行培训，提高他们打击严重有组织犯罪的能力；以及建立国际合作帮助肯尼亚追回相关资产。② 在打击网络犯罪方面，2021 年 5 月 12 日英国政府宣布，拟投资 2500 万欧元在非洲建立新的网络运营中心，该中心将在埃塞俄比亚、加纳、肯尼亚、尼日利亚和卢旺达运营，帮助非洲国家打击网络犯罪，防止中国、俄罗斯等国家填补“网络真空”。③

在维护冲突中的女性和女童权利方面，英国政府也采取了多种措施。英国外交部在 2019 年 9 月提交给英国下院外交事务委员会的《超越援助：英国在非洲战略介入》的备忘录（即英国的对非新战略）中提到了英国政府在非洲实施的一些维护女性和女童权利的项目。其中，女性综合性健康项目（WISH）在 24 个非洲国家实施，可以确保每年有 600 万夫妇获得可靠的自愿避孕措施；女童教育挑战项目（GEC）可以支持 150 万贫困女童在 14 个非洲国家获得教育；英国政府还提供 3000 万英镑

① https：//www. gov. uk/government/news/world-leading-uk-ivory-bill-becomes-law--2，visited on 11 July 2021.

② https：//www. gov. uk/government/news/new-uk-aid-package-will-stop-dirty-money-in-its-tracks-and-recover-millions-of-pounds-for-developing-countries，visited on 11 July 2021.

③ https：//360mozambique. com/innovation/tech/uk-to-create-cyber-defense-center-in-africa/，visited on 11 July 2021.

支持萨赫勒地区和邻近国家的10万名以上儿童获得高质量的教育，其中一半是女童。① 2018年8月，英国时任国防大臣威廉姆森（Gavin Williamson）在访问肯尼亚、索马里和埃塞俄比亚后表示，英国将派遣军队训练专家到非洲帮助解决针对冲突地区女性的性暴力。他还在肯尼亚的英国和平与安全培训中心启动了防务部门与性别的培训课程，该课程旨在对来自其他非洲国家的学员培训预防和应对性暴力的技能。② 在2020年1月召开的首届英非投资峰会上，英国政府也宣布了一些帮助非洲女性的措施，如提供1160万英镑用于妇女教育和培训项目，如进一步扩大“妇女工作和机会项目”，提高妇女的就业技能，扩大“她贸易项目”，帮助女性企业家获得更多的贸易机会。③

综上所述，英国“脱欧”公投后与非洲在和平安全领域的合作与此前的合作内容和方式有所不同。其中较为明显的就是，特蕾莎·梅以来的保守党政府更加重视在萨赫勒地区的介入，而且在与非洲的和平安全合作中，更加重视打击有组织犯罪，更加重视人权问题特别是冲突中针对女性的性暴力等，而且强调女性在冲突预防和解决中的作用，更加注意保护她们的权利。这与“脱欧”公投后英国面临的新的安全形势有关。“脱欧”公投后，英国提出“全球英国”理念，强化扩大自由贸易，与更多非洲国家建立伙伴关系，特别是英国扩大了萨赫勒地区的外交存在，这就需要英国重视这一地区的安全形势，以保护英

① http://data.parliament.uk/writtenevidence/committeeevidence.svc/evidencedocument/foreign-affairs-committee/beyond-aid-the-uks-strategic-engagement-in-africa/written/105575.html, visited on 11 July 2021.

② https://www.gov.uk/government/news/british-military-steps-up-women-peace-and-security-efforts, visited on 11 July 2021.

③ https://assets.publishing.service.gov.uk/government/uploads/system/uploads/attachment_data/file/859314/2020_01_20_AIS_-_UK_Government_Statement_-_Final_Version.pdf, visited on 11 July 2021.

国在这一地区的利益。同时英国与尼日利亚、加纳等西非国家有紧密的经贸联系，如果萨赫勒地区安全形势恶化，也会影响到英国与这些传统伙伴国家之间的经贸关系。在2018年的《国家安全能力评估》中，英国政府将有组织犯罪以及疾病和自然灾害增列为英国面临的两大安全挑战。非法资金外流、人口拐卖、非法野生动植物贸易等有组织犯罪在非洲更为猖獗，已成为影响一些非洲国家和地区安全的重要因素。因此，英国政府强调在与非洲的和平安全领域合作中加强对有组织犯罪的打击力度。对冲突中妇女和女童权利的保护，表明了英国政府在解决非洲和平安全问题时试图解决这一问题的根源性因素。英国政府认为，只有妇女社会地位、经济地位提高了，实现了国家的繁荣与发展，安全与稳定问题才可能最终解决。英国与非洲在和平与安全领域采用的上述合作方式，也体现了英国政府所倡导的融合理论（Fusion Doctrine）、全政府方法以及整体性应对方法（a holistic response）① 在实践中的应用。

英国与非洲在和平安全领域的合作有利于打击恐怖主义、有组织犯罪，减少地区冲突，实现地区安全与稳定，促进英非经贸联系，维护英国在非洲的利益，扩大英国在非洲的影响。但在英国上院国际关系与国防特别委员会的报告中，也有很多人对英国与非洲和平安全领域合作的一些做法提出批评，特别是在萨赫勒的介入、军事培训的负面影响以及冲突、稳定和安全基金的使用等几个方面。对于英国在萨赫勒的介入，批评意见认为，英国没有充分考虑当地和地区伙伴的需求；英国与这一地区没有历史和文化联系，可能导致英国对法国言听计从，而不能很好给这一地区的国家带来利益；英国在这一地区的介

① https：//www. gov. uk/government/speeches/developing-a-holistic-response-to-humanitarian-challenges-in-the-sahel-and-west-africa，visited on 11 June 2021.

入可能导致与英国有紧密经贸联系的国家如尼日利亚和加纳被拖入新形式的冲突；等等。① 对英国在非洲的军事培训的批评包括：英国只是进行低水平的培训，而没有给非洲军队提供装备，也没有建立相应的制度，这不能提高非洲军队人员的能力；英国只是提供培训，而不愿与非洲军队一起参与到战斗中；英国只是按现成的计划对非洲军队进行培训，而没有考虑当地的实际情况；对国家军队的培训可能会带来一些相应风险，如针对平民的暴力事件上升、国内冲突加剧等。② 对于冲突、稳定和安全基金的使用，一些人认为，该基金用于防务相关事项的数额不足，政府很少关注军事外交努力在维持非洲和平安全方面发挥的重要作用。③

（四）英国与非洲的文化合作及效果

在"全球英国"理念下，英国必然重视利用软实力提高其在全球的影响力，为其塑造自由贸易国家提供支持。英国政府在2018年的《国家安全能力评估》中指出，"全球英国"意味着英国作为一个开放、包容和外向的全球自由贸易强国，会在世界舞台上发挥关键作用。因此，"我们要重新投资我们世界各地的关系。我们要倡导自由贸易和以规则为基础的国际体系。

① House of Lords Select Committee on International Relations and Defence, "The UK and Sub-Saharan Africa: Prosperity, Peace and Development Co-operation" (1st Report of Session 2019 - 21), p. 116.

② House of Lords Select Committee on International Relations and Defence, "The UK and Sub-Saharan Africa: Prosperity, Peace and Development Co-operation" (1st Report of Session 2019 - 21), pp. 131 - 132.

③ House of Lords Select Committee on International Relations and Defence, "The UK and Sub-SaharanAfrica: Prosperity, Peace and Development Co-operation" (1st Report of Session 2019 - 21), pp. 133 - 134.

而且我们要利用我们的软实力传播我们的价值并促进英国利益”。① 这篇报告随后提到英国政府为支持全球英国这一目标而在加强海外网络方面所采取的一些努力。在加强软实力建设方面，该报告特别提及英国政府向英国 BBC 和英国文化委员会提供的支持，以及英国志奋领、马歇尔和英联邦奖学金项目在吸引外国留学生方面所作出的贡献。英国与很多非洲国家具有长久的历史和文化联系，而且在“脱欧”公投后，英国政府十分重视非洲未来的经济发展前景，因此，英国政府同样强调加强与非洲在文化领域的合作，增强其在非洲的文化软实力。英国外交部在 2019 年提出的实现其对非新战略的三大推手之一就是软实力。英国外交部向英国下院外交事务委员会提交的有关对非新战略的备忘录认为，英国在软实力方面具有独特优势，如作为全球语言的英语，在世界各地广泛播出的 BBC，英国一流的教育，公正的法律制度，较高的文化和体育声誉，英国活跃的非洲人群体等。为进一步增强英国在非洲的文化软实力，英国政府设立了 700 万英镑的发展援助项目，主要关注以下三个领域：一是将非洲志奋领奖学金项目增加 25%；二是在西非法语国家扩大英国文化委员会的英语教学项目；三是通过投资新的战略交流能力，改善英国与非洲年轻人的交流手段。②

英国文化委员会作为英国软实力的主要实施机构，在实现英国外交部、国际发展部以及英国其他政府部门的政策目标、国际战略和部门规划中作出了重要贡献。英国文化委员会主要通过英语教学、教育交流以及文化和艺术合作三种途径提高英国的软实力。英国文化委员会目前在非洲 25 个国家设有教学

① HM Government, “National Security Capability Review”, 2018, p. 30.

② http://data. parliament. uk/writtenevidence/committeeevidence. svc/evidencedocument/foreign-affairs-committee/beyond-aid-the-uks-strategic-engagement-in-africa/written/105575. html, visited on 11 July 2021.

点。它们在非洲的工作主要是为冲突或脆弱国家的年轻人提供一些教育的项目和机会。根据英国文化委员会2019—2020年的年度报告，在教育和技能培训方面，英国文化委员会代表英国外交部管理的高等教育创新和改革战略伙伴关系基金致力于推动撒哈拉以南非洲、亚洲和中东的高等教育转型。该基金已培训了1620名教师，已有2万多名学生参与到该基金的创新活动中，它在推动实现联合国可持续发展目标方面取得了公认成绩。① 在英语教学方面，在英国外交部和英国文化委员会的共同资助下，英语联通（English Connects）项目在塞内加尔、科特迪瓦、马里、安哥拉、喀麦隆、吉布提、加蓬、几内亚、刚果（金）和尼日尔等一些非洲法语国家和葡语国家开展。在本年度内，该项目已使这些国家的150万年轻人获得不同形式的帮助，有近5000名教师和英语俱乐部负责人得到培训。② 在文化和艺术合作方面，英国文化委员会与英国数字、文化、媒体和体育部联合设立了文化保护基金，以保护中东和北非地区处于危险中的重要文化遗产。2019年英国数字、文化、媒体和体育部宣布向该基金追加800万英镑，以便该基金持续到2021年3月。③

英国文化委员会与非洲的文化合作取得了良好效果。根据英国文化委员会的统计，2019—2020年度，撒哈拉以南非洲有560万人参与了英国文化委员会举办的各类项目，中东和北非地

① British Council, Annual Report and Accounts (2019 - 2020), p. 23, available at https: //www. britishcouncil. org/sites/default/files/annual_report_ 2019 - 20. pdf, visited on 15 October 2021.

② British Council, Annual Report and Accounts (2019 - 2020), p. 23, available at https: //www. britishcouncil. org/sites/default/files/annual_report_ 2019 - 20. pdf, visited on 15 October 2021.

③ British Council, Annual Report and Accounts (2019 - 2020), p. 23, available at https: //www. britishcouncil. org/sites/default/files/annual_report_ 2019 - 20. pdf, visited on 15 October 2021.

区有 660 万人参加了此类项目。① 英国文化委员会在非洲的文化合作也给其带来不错的资金回报。例如，在 2018—2019 年度，英国文化委员会从撒哈拉以南非洲的文化合作中获得了 7855 万英镑的回报，从中东和北非地区的文化合作中获得了 1.43 亿英镑的回报。② 通过对参与英国文化活动的当地人员的调查表明，英国文化委员会在非洲获得的评价比较高。例如，在 2019—2020 年度，87% 的参与人员对英国文化委员会感到满意，86% 的参与人员认为增加了新的知识和技能，67% 的参与人员对英国更有好感，53% 的参与人员认为与英国有了更强烈的关系和联系。③ 一些报告和研究也显示，英国文化委员会通过文化和教育活动，在传播英国影响、培育英国软实力方面发挥了重要作用。④

① British Council, Annual Report and Accounts (2019 - 2020), p. 6, available at https://www.britishcouncil.org/sites/default/files/annual_report_2019-20.pdf, visited on 19 September 2021.

② British Council, Annual Report and Accounts (2018 - 2019), p. 19, available at https://www.britishcouncil.org/sites/default/files/annual_report_2019-20.pdf, visited on 19 September 2021.

③ British Council, Annual Report and Accounts (2019 - 2020), p. 26, available at https://www.britishcouncil.org/sites/default/files/annual_report_2019-20.pdf, visited on 19 September 2021.

④ British Council, Annual Report and Accounts (2018 - 2019), p. 17, available at https://www.britishcouncil.org/sites/default/files/annual_report_2019-20.pdf, visited on 19 September 2021.

三　英国对非洲政策的走势及中英在非洲关系的前景

前文第一部分对英国“脱欧”公投以来的对非政策的发展进行了纵向梳理，从中可以了解“脱欧”公投后，在“全球英国”理念的指导下，英国对非政策的发展历程。第二部分结合英国对非新战略确定的五大领域，横向重点分析了英国与非洲在政治、经济、和平与安全以及文化领域的合作内容及取得的实效。本部分将在上述内容的基础上，总结英国在非洲的利益需求，并对其未来对非政策基本取向作出研判。同时，在比较英国和中国对非政策的基础上，界定中国和英国在非洲的利益关系，并就未来如何处理中国和英国在非洲的利益关系提出相关建议。

（一）英国对非洲的利益需求

英国具有丰富的外交经验和外交传统，表现出很强的实用主义倾向，在对外交往中十分重视国家利益的维护。作为英国两大政党的保守党和工党，虽然他们的执政理念不同，但都致力于维护英国国家利益。英国民众对英国国家利益的维护也有高度的认同感。根据英国皇家国际事务研究所在 2012 年做的一项调研，接受调查的英国公众中有 47% 的人认为，英国外交政策在任何时候都应维护英国国家利益，即使采取一些被认为是不道德的行为，而只有10%的人认为“促进民主、人权和法治”应成为英国外交政策的优先考虑，① 合并后的英国外交、英联邦和发展部在其网站上明确宣称，“我们追求我们的国家利益，并使英国成为世界上一股向善的力量。我们促进英国公民的利益，捍卫英国的安全，捍卫我们的价值观，减少贫困，并与我们的国际伙伴一起应对全球挑战”。② 但对于何谓英国国家利益，英国国际关系学界和外交实务部门一直众说纷纭。在外交实践中，英国外交部门一般是根据不同具体情况来确定所要追求的具体利益。③

“脱欧”公投后，英国政府没有在有关的政府文件中系统、明确阐明英国的国家利益。英国政府官员也只是在不同场合抽象地提及英国的国家利益。例如，2018年8月，特蕾莎·梅首相在开普敦的演讲中声称，她并不讳言英国的发展援助项目要符合英国的利益，英国的援助不但要解决极端贫困，而且同时要解决全球挑战并支持英国的国家利益，“这将确保我们在援助方面的投入对我们所有人有利，而且完全符合我们更广泛的国家安全优先目标”。④ 2020年6月，约翰逊首相在向英国下院陈述将国际发展部并入英国外交部时也强调，不能将英国的援助与英国的外交分割开来，它们追求的目标是一致的，都应该服务英国的国家利益。但无论是特蕾莎·梅还是约翰逊，都只是

① Timothy Edmunds, Jamie Gaskarth, Robin Porter (eds), *British Foreign Policy and the National Interest: Identity, Strategy and Security*, Palgrave Macmilian, 2014, p. 29.

② https://www.gov.uk/government/organisations/foreign-commonwealth-development-office/about#priorities, visited on 19 September 2021.

③ Timothy Edmunds, Jamie Gaskarth, Robin Porter (eds), *British Foreign Policy and the National Interest: Identity, Strategy and Security*, Palgrave Macmilian, 2014, pp. 4 – 13.

④ https://www.gov.uk/government/speeches/pms-speech-in-cape-town-28-august-2018, visited on 19 September 2021.

笼统提及英国的国家利益，而没有进行具体的说明。因此，要了解"脱欧"公投后英国的国家利益，可能还需要参照英国财政部和国际发展部在 2015 年 11 月发布的《英国援助：为了国家利益应对全球挑战》。该报告旨在为未来 5 年英国对外援助提供指导。根据该报告，英国新的援助战略的指导原则就是，英国的援助支出应满足英国对世界上最穷困人口的道义责任，而且同时支持英国的国家利益。在这一指导原则下，英国政府确立了对外援助的四个战略目标，即加强全球和平、安全和治理，强化弹性及危机应对能力，促进全球繁荣，以及解决极端贫困并帮助世界上最弱势群体。该报告明确指出，所有这些目标都是与英国国家利益一致的。① 虽然该报告也没有具体说明英国的国家利益，但至少使我们从中对英国国家利益的部分内容有所了解。此外，英国政府在 2021 年 3 月发布的《竞争时代的全球英国：安全、防务、发展和对外政策综合评估》指出，英国政府首要的、压倒一切的目标是，通过英国国内外的行动，保护和促进英国人民的利益，其中最为重要的利益是主权、安全和繁荣。这也可以作为了解未来 5 年英国国家利益的补充内容。

对于英国在非洲的国家利益，长期以来，英国政府一直讳莫如深，很少做过公开宣示。这是因为英国在历史上作为许多非洲国家的宗主国，认为对非洲国家负有道义的责任，并且一直将发展和人道主义作为对非政策的核心，而发展和人道主义政策被认为是无私的，不能与利益挂钩。② 有学者认为，英国这种否认在非洲利益存在的做法不但自欺欺人，而且会产生副作

---

① HM Treasury, DFID, "UK Aid: Tackling Global Challenges in the National Interest", p. 9, November 2015.

② 本部分内容参见张宏明主编《大国经略非洲研究》，社会科学文献出版社 2019 年版，第 277—278 页。

用，因为发展政策如果不与利益相关，就很难得到贯彻实施。①2011 年 5 月，英国皇家国际事务研究所发表的一份报告指出，除纯粹的发展利益外，英国在撒哈拉以南非洲还有四种基本利益：一是防止或减少可能危及英国自身的不稳定因素，如恐怖主义、犯罪、无法控制的移民等，目前这些问题主要发生在非洲之角、萨赫勒地区、苏丹、大湖地区和尼日利亚；二是通过提供领事保护，确保英国海外公民的安全；三是推动英国贸易利益，确保获得自然资源，特别是能源；四是争取并利用非洲盟友，以获得对英国在诸如联合国等国际场合的支持，包括支持英国作为联合国安理会常任理事国的地位以及在其他有关气候变化、贸易等问题的国际论坛上对英国进行支持。② 英国皇家国际事务研究所有关英国在非洲利益的总结基本上反映了实际情况，在今天仍然具有较高的参考价值。

对于“脱欧”公投后英国在非洲的国家利益，我们也可以从这一时期几任英国非洲事务部部长有关英非关系的讲话、英国对非新战略以及英国《安全、防务、发展和对外政策评估》有关对非政策的内容中发现一些线索。2017 年 4 月，英国时任非洲事务部部长埃尔伍德在其有关“脱欧”后英国对非政策的演讲中提到，考虑到英非关系的重要性，英国与非洲应建立一种适合 21 世纪的现代伙伴关系，其中英国在非洲将重点关注三

---

① Tom Cargill, Our Common Strategic Interests: Africa's Role in the Post-G8 World, Chatham House Report, June 2010, p. 31, available at https: //www. chathamhouse. org/sites/files/chathamhouse/public/Research/Africa/r0610_ africag8. pdf, visited on 19 September 2021.

② Tom Cargill, More with Less: Trends in UK Diplomatic Engagement in Sub-Saharan Africa, Chatham House Report, May 2011, p. 7, available at https: //www. chathamhouse. org/sites/files/chathamhouse/19366 _ 0511pp _ cargill. pdf, visited on 19 September 2021.

个领域：繁荣、安全和移民。① 2018 年 6 月，英国时任非洲事务部部长鲍德温在谈及英非关系时强调，“英国一直是——并将继续成为——非洲和平、安全和稳定的坚定伙伴”，“我们将继续这么做，因为这么做绝对符合我们的国家利益——恐怖主义、非法移民和现代奴役并不分国界”。② 约翰逊政府时期的非洲事务部部长史蒂芬森和杜德里奇也都非常重视与非洲的伙伴关系，加强与非洲在经贸、投资、安全、人权、治理等领域的合作，他们认为这么做符合双方的利益。英国对非新战略提出了英国对非政策要实现在五大领域的转变，即繁荣、稳定和安全、人口转型、气候变化和可持续资源管理以及萨赫勒地区。英国 2021 年 3 月发布的《安全、防务、发展与对外政策综合评估》同样认为，英国应加强与非盟以及一些重要非洲国家的伙伴关系建设，在气候变化、生物多样性、贸易投资、安全、冲突解决、治理等领域开展合作。从这些讲话或文件中可以看出，英国在非洲的优先目标或利益需求仍然体现为几个频率较高的关键词：繁荣、安全、稳定、治理、气候变化、伙伴关系等。概括来讲，未来 5—10 年英国对非洲的利益需求仍会集中在以下几个方面。

在政治方面，英国会继续巩固和保持它在非洲的影响力。“脱欧”公投后，英国提出“全球英国”对外政策理念，希望在自主的基础上加强与其他国家的联系，增强其全球影响力。特蕾莎·梅攻府以来的英国政府官员经常强调英国与非洲的历史、文化联系，以及非洲对英国的重要性和英国对于非洲的重要性，因此，英国政府会进一步强化与非洲地区性组织以及非洲国家的伙伴关系。此外，非洲大陆共有 54 个国家，是国际舞

① https：//www. gov. uk/government/speeches/uk-foreign-policy-after-brexit-engaging-africa，visited on 19 September 2021.

② https：//www. gov. uk/government/speeches/minister-baldwin-sp eech-on-uk-africa-relations，visited on 19 September 2021.

台上的一支重要力量，这也是英国加强与非洲国家政治联系的一个重要因素。在非洲 54 个国家中，还有 19 个国家是英联邦国家，而加强与英联邦国家的联系一直是英国“三环外交”中的重要内容。在英国“脱欧”后，英国会更加重视与非洲英联邦国家的关系。还有一些非洲国家如布隆迪和苏丹出于经济和贸易利益的考虑，也准备申请加入英联邦。英国之所以会继续巩固和保持它在非洲的影响力，还有一个重要的原因是抵制中国、俄罗斯、印度等国家在非洲不断扩大的影响力。英国政府在《安全、防务、发展与对外政策综合评估》中明确将中国列为体系竞争者，它会通过加强与非洲的政治联系，设法遏制中国在非洲的迅猛发展势头。

在经济方面，确保英国与非洲的经贸关系，扩大英国海外市场，促进非洲繁荣，消除非洲贫困。“脱欧”公投后，英国更加强调扩大与其他国家的经贸联系，重视多边主义，倡导贸易自由。英国政府许多官员在不同场合都提到非洲的人口红利、市场红利所带来的巨大的商机。英国《安全、防务、发展和对外政策综合评估》也明确指出，英国未来的繁荣要通过深化与世界上一些经济活跃地区如印太地区、非洲和海湾地区的经济联系以及与欧洲的贸易而加强。① 从过去几年英国与非洲国家的贸易情况来看，英国从非洲进口的产品大部分是矿产品、石油及石油制品，这对英国的经济、国防等具有重要的意义。作为一个新兴市场，非洲的市场发展潜力日益受到英国政府的重视。从未来发展来看，英国政府会进一步加强与非洲的经贸关系。当然，加强英非经贸联系也有利于非洲经济发展，促进非洲经济繁荣，消除非洲贫困，有利于减少非洲的犯罪、动乱、恐怖

① HM Government, “Global Britain in a Competitive Age: The Integrated Review of Security, Defense, Development and Foreign Policy”, p. 14, March 2021.

主义、非法移民等，这同样符合英国的国家利益。①

在安全方面，维护非洲的和平与安全，减少非洲地区的冲突，遏制恐怖主义的蔓延，打击有组织犯罪，防止非法资金外流，控制非法移民无序流入欧洲，同样符合英国利益，也是英国与非洲开展安全合作的重要目标。"脱欧"公投后，英国政府总是强调英国是一个具有全球利益的欧洲国家。随着在非洲利益的增多，英国必然会重视其利益的保护问题。英国政府官员也反复提到，在非洲，如果没有和平与安全，就不可能实现经济的繁荣；如果没有经济的繁荣，安全就不可能得到长期的维持。保持非洲地区的和平与安全，可以使英国减少来自恐怖主义的威胁，有利于保护英国海外公民和企业的利益。而保护英国海外公民和企业的利益一直是英国外交部优先考虑的政策目标之一。英国政府 2015 年 11 月发布的《国家安全战略和战略防务及安全评估》就把打击恐怖主义、减少地区冲突、促进稳定作为未来 5 年优先考虑的目标之一。非洲大陆作为恐怖主义和地区冲突的多发地，显然是英国在安全方面必须重点考虑的对象之一。英国政府 2018 年 3 月发布的《国家安全能力评估》是为实施《国家安全战略和战略防务及安全评估》而制定的，它强调全球英国应继续在重大全球性问题上主动与世界各国以及主要国际机构接触和合作。特别是，英国应继续保持与海湾地区、中东和北非地区的重要伙伴的紧密联系，以反映英国的双边安全与繁荣利益，并帮助解决来自于这些地区的许多安全挑战。同时，对非洲的关注应予以调整和扩大，以应对非洲快

---

① James Duddridge MP, "UK Africa Policy, the Prosperity Agenda and the 'Golden Thread': Between Idealism and Pragmatism?", Chatham House, Africa Program Keynote Speech, 23 March 2015, p. 4, available at https://www.chathamhouse.org/sites/files/chathamhouse/field/field_document/15%2003%2023%20UK%20Africa%20policy%20-%20Minister%20transcript%20%28edited%29.pdf, visited on 19 September 2021.

速增长的年轻人口所带来的机遇和挑战。①

在文化方面，英国会继续利用它在非洲大陆上语言、文化、教育、制度的优势，宣传其价值观，提升英国软实力。英国2019年的对非新战略认为，要想在非洲实现繁荣、安全与稳定、气候变化和可持续资源管理、人口转型以及萨赫勒地区五大领域的转变，必须重视运用人员和平台、软实力以及科技三大推手。文化作为提升软实力的一种有效手段，在对非交往上，一直受到英国政府的重视。具体而言，通过推广英国文化、英国式的价值观，可以提升英国的国家形象，维护英国在国际舞台上的话语权，提高英国的知晓度、美誉度和认同度。② 这为英国争取非洲盟友、在国际谈判中获得非洲国家的支持提供了非常便利的条件和方式，对于保持英国在全球范围内的影响力发挥着重要作用。因此，英国政府2018年3月的《国家安全能力评估》明确提出，要利用英国文化委员会和BBC进一步加强英国的软实力，传播英国价值，促进英国利益。③

（二）英国对非洲政策的基本取向研判

根据英国在非洲的上述利益需求以及英国过去10年来的对非政策走向，可以对英国未来5—10年的对非洲政策基本取向作出如下研判：在“全球英国”对外政策理念下，脱离欧盟束缚的英国将更加自主地推行自己的对非政策。为彰显自己的全球大国地位，发挥自己的全球影响力，推动自由贸易，保护自

① HM Government, “National Security Capability Review”, p. 33, March 2018.

② 王磊：《世界大国（地区）文化外交：英国卷》，世界知识出版社2013年版，第83—96页。

③ HM Government, “National Security Capability Review”, p. 31, March 2018.

己在非洲的利益，强化与非洲的传统联系，英国将更积极主动地全方位、多领域介入非洲事务。

具体而言，在政治方面，英国会进一步扩大与非洲的伙伴关系，更加重视推行英国的民主、法治、人权等价值观以及"以规则为基础的国际秩序"理念。在2000年9月召开的联合国千年峰会上，时任英国首相布莱尔强调了创建新型伙伴关系对非洲的必要性，并率先发起了"非洲伙伴倡议"，以便与非洲及其他国家或国际团体一起帮助解决非洲的贫困、冲突、投资不足、贸易条件不平等等问题。随后的几届英国政府对非发展政治、经济关系，加强安全合作时，都非常重视伙伴关系。从实践来看，英国政府通过建立伙伴关系来实施对非政策，不但可以更容易地得到非洲国家的信任和接受，而且可以借助其他国家或国际团体的力量，能够有效地推动对非政策的实施。2014年9月15日，英国时任非洲事务部部长杜德里奇在英国皇家国际事务研究所发表演讲时指出，"我们对非洲的主要目标就是和平、安全和伙伴关系"。① "脱欧"公投后，英国政府更加重视与非洲的伙伴关系。2018年4月时任英国国际发展部部长莫当特在谈到英国援助的未来目标时提到，英国的对外援助的第五个优先目标是通过伟大伙伴关系（Great Partnership）倡议将英国的援助与发展中国家有效对接。② 此后，英国领导人多次提到与非洲的伙伴关系。例如，2018年8月，特蕾莎·梅在开普敦的演讲中宣布，英国将与非洲朋友建立一种基于共同繁荣

① James Duddridge MP, Values and Commerce: The UK's Political and Economic Engagement in Africa, Chatham House, Africa Program Transcript, 15 September 2014, p. 2, available at https://www.chathamhouse.org/sites/files/chathamhouse/field/field_document/20140915UKPoliticalEconomic EngagementAfrica.pdf, visited on 12 July 2021.

② https://www.gov.uk/government/speeches/international-development-secretary-on-uk-aid-the-mission-for-global-britain, visited on 26 June 2021.

与共同安全的新的伙伴关系。2020 年 1 月，约翰逊首相在首届英非投资峰会上也提到，英国与非洲将建立一种对双方有利的、现代的伙伴关系。“脱欧”公投以来，英国政府也一直致力于与非洲建立伙伴关系。2019 年 2 月，英国与非盟签署了战略伙伴关系备忘录。英国还与南非、肯尼亚、加纳等建立了战略伙伴关系。2021 年 3 月英国政府发布的《安全、防务、发展与对外政策综合评估》也再次强调了英国与非盟以及与尼日利亚、南非、埃塞俄比亚、肯尼亚等重要非洲国家的伙伴关系。“民主”“良政”“法治”“人权”等价值观一直是西方国家控制非洲国家和抵制中国在非洲影响力的重要手段，它们从未放松在非洲推行上述价值观。例如，2013 年英国政府在卡梅伦担任首相期间，曾把“开放的社会和经济、法治、透明度、自由市场、自由媒体、公正选举、有效的市民社会、负责任的政府”称为发展对非关系的“金丝线”（Golden thread）。2021 年 3 月，英国时任外交大臣拉布在谈及竞争时代全球英国作为一支“向善的力量”的作用时，提到有一条“金丝线”贯穿于英国的外交实践。[①] 实际上，他此前的英国外交大臣亨特在 2018 年 10 月的一个演讲中提到，英国的外交要有目的，要捍卫“以规则为基础的国际秩序”，并强化所谓“民主国家”之间的隐形链条（invisible chain）。无论是“金丝线”还是“隐形链条”，它们无非都是在强调“民主、法治、人权”等价值观在英国外交中的重要地位。因此，英国政府会一如既往在非洲大力推行此类价值观，并作为抵制中国在非洲日益上升的影响力的重要筹码。考虑到“脱欧”后英国政府不断强调援助应与英国外交保持一致，今后英国在向非洲国家提供援助时，这些价值观也将会是重要

---

① https：//www. gov. uk/government/speeches/a-force-for-good-in-a-competitive-age-foreign-secretary-speech-at-the-aspen-security-conference， visited on 26 June 2021.

的考虑因素。

在经济方面，考虑到英国“脱欧”影响，英国会更加重视开拓非洲市场，进一步加强英非经贸关系，采取更多具体措施拓展与非洲的贸易和投资。① “脱欧”后，为了使欧盟与一些非洲国家和区域性组织之间的经济伙伴关系协定继续适用于英国与这些非洲国家和区域性组织之间的经贸关系，防止因英国“脱欧”导致英国与这些国家和区域性组织之间的经贸关系没有相应的安排而陷入陡崖，英国在“脱欧”公投之后与这些非洲国家和区域性组织通过谈判达成了此类经济伙伴关系协定在他们之间继续适用的协议。在此基础上，英国还进一步与摩洛哥、阿尔及利亚、突尼斯、埃及、肯尼亚等非洲国家达成了经济伙伴关系协定。未来英国会继续扩大和非洲国家谈判签订此类协定。而且英国会继续支持非洲大陆自贸区的发展，不排除今后英国与非洲大陆自贸区谈判签订一个更为全面的自由贸易协定。从双边经贸的比重看，英国会进一步加强与非洲一些重要国家如南非、尼日利亚、肯尼亚、埃塞俄比亚、加纳等国家的经贸联系。在贸易类型方面，英国会继续利用自己在服务贸易方面的优势，扩大对非洲的服务贸易出口，如法律服务、金融服务等。在投资方面，从“脱欧”后英国对非投资实践来看，英国今后会推动更多私人企业到非洲投资，投资领域将更加关注绿色能源、农业、数字经济、海洋经济、科技等一些新兴领域。虽然英国政府多次强调，促进非洲繁荣的关键是贸易与投资，而不是发展援助，但作为英国对非政策的基础，英国今后仍会重视对非洲的援助工作。但与“脱欧”公投前英国对非援助政策不同的是，英国不再把援助作为独立于外交政策的一种活动，而是强调英国的援助必须符合英国的对外政策。因此，今后英

① 赵怀普：《英国的外交传统与新动向》，《中国社会科学报》2016 年 9 月 13 日。

国可能会更多利用援助作为加强英非经贸关系、传播英国价值观的一种手段。

在和平安全方面，为保护“全球英国”在非洲的利益，特别是为保护英国人民、发挥英国影响、实现繁荣，英国会继续扩大在非洲的军事存在，深化与非洲的安全合作。“脱欧”公投后，英国明显加大了对西非特别是法语非洲和北非地区的介入。英国对非新战略明确将萨赫勒地区问题作为英国对非优先目标的五大领域之一。英国不但设立了西非防务联络处（设在尼日利亚阿布贾），还设立了萨赫勒防务处，而且在2020年12月首次向联合国马里多层面综合稳定团（MINUSMA）派遣了300名士兵。为应对北非的非法移民和恐怖主义袭击，英国在2016年设立了英国外交部/国际发展部北非联合小组，以监督新成立的北非良治基金的实施。① 为应对严重有组织犯罪带来的安全威胁，英国今后会加大对跨国犯罪、非法资金外流、非法野生动植物贸易等犯罪行为的打击力度。同时，为消除地区冲突和安全问题的根源，英国会更加重视采用一体化的方式，从气候变化、人口转型、消除极端贫困、改善女童教育、维护女性权利等多方面综合施策。英国还会进一步加强与联合国、非盟等国际组织的合作，参与或支持它们在非洲的维和行动，同时会继续加强与美国、法国等西方国家在非洲的安全合作。

在文化合作方面，为发挥全球英国在非洲的影响力，英国政府将会更加重视与非洲的文化合作。英国政府2021年3月发布的《安全、防务、发展和对外政策综合评估》非常重视英国软实力的作用，认为它对于英国作为一个开放、可信和创新国家的国际身份至关重要。文化软实力有助于树立对英国的正面

---

① http：//data. parliament. uk/writtenevidence/committeeevidence. svc/evidencedocument/international-relations-committee/foreign-policy-in-changed-world-conditions/written/79900. html，visited on 26 June 2021.

观念，创造亲密的人文联系，熟悉英国的价值观，增强英国吸引国际商业、研究合作和留学生的能力——并最终给世界带来变化。这篇报告还提到，不但英国所谓的"体系竞争者"如俄罗斯和中国不断加大对软实力的投入，而且英国的盟友如德国、法国也将文化软实力作为对外政策的重要组成部分。因此，英国为了保持其软实力强国地位，就必须加大在这方面的投入。① 所以，今后英国会继续利用英国文化委员会、英国广播公司等机构扩大在非洲的文化传播；借助其优势的高校资源，开展与非洲国家的教育合作；通过增加志奋领、马歇尔、英联邦共同体等奖学金的名额，加大对非洲年轻人的培训力度，培养他们对英国价值观的认同，进一步提升英国在非洲的软实力。

（三）英国与中国在非洲的利益关系

英国和中国因历史和现实的原因对非洲有各自的利益诉求，这种不同的利益诉求导致他们对非洲形成了不同的看法和政策。总体来看，英国更偏重于在非洲推行西方的"民主、法治、人权、良政"等价值观，秉承英国所谓的"道义"外交传统，而中国更偏重于与非洲国家发展经贸关系，强调的是义利并举，授人以渔。不过，从两国对非政策的发展趋势来看，他们都把商业利益作为对非关系的优先事项。由于英国对非洲的看法、政策和利益诉求因时而异，导致英国对待中国在非洲活动的态度也不断发生变化。② 而英国和中国在非洲关系的发展在很大程度上又受到两国国战略关系的影响。从英国和中国关系的发展

① HM Government, "Global Britain in a Competitive Age: The Integrated Review of Security, Defense, Development and Foreign Policy", pp. 49 - 50, March 2021.

② 张宏明：《大国经略非洲研究》，社会科学文献出版社 2019 年版，第 282—283 页。

历史及未来的发展趋势来看，英国和中国未来 5—10 年在非洲的关系将充满竞争与合作，合作将主要集中在经贸投资领域以及双方共同关心的一些议题如气候变化、公共健康、减贫等，而竞争仍主要集中在价值观领域，价值观领域的竞争在今后一段时间将成为双方在非洲合作的主要绊脚石。

1. 英国与中国在非洲的利益关系评估①

要想准确把握和理解英国与中国在非洲的利益关系并对其作出正确评估，必须关注英国和中国在历史上对非洲采取的不同看法和政策以及两国各自对非洲的利益诉求，因为“在历史积淀和传承关系基础上形成的大国与非洲关系”会影响到大国在非洲的利益关系和力量结构。② 由于双方对非看法和政策以及对非利益诉求的不同，一方在非洲的活动必然会引起另一方不同的反应和态度变化。

英国是老牌非洲殖民国家，历史上在非洲有众多殖民地，若按在非洲殖民地的面积和国别数量来算，它是在非洲仅次于法国的第二大前宗主国。至今仍有 19 个非洲国家是英联邦国家，占英联邦总数的三分之一。基于此种原因，英国一直把英语非洲看作自己的势力范围，不愿意看到其他国家介入这一地区。非洲国家独立后至 1997 年英国布莱尔政府上台前，由于认为与非洲并没有太多的实质性利益关系，英国长期以来对非洲没有给予太多的关注和重视。③ 英国布莱尔政府将非洲视为“世

① 这一部分的内容，参见张宏明《大国经略非洲研究》，社会科学文献出版社 2019 年版，第 283—288 页内容。

② 张宏明：《如何辩证地看待中国在非洲的国际处境——兼论中国何以在大国在非洲新一轮竞争中赢得“战略主动”》，《西亚非洲》2014 年第 4 期。

③ Christopher Clapham, *Africa and the International System: the Politics of State Survival*, Cambridge University Press, 2002.

界良心上的伤疤"，对非洲开始给予大量关注。这一时期英国政府更多地将非洲看作是供其施舍的"道德高地"，大力推行道义外交，以援助为工具，要求非洲国家实施"民主、良政、法治"，保护人权。在这种背景下，布莱尔政府在对非政策方面鲜有提及有损其道义形象的国家利益。① 特别是布莱尔政府时期还专门设立了国际发展部，以突出强调它对非洲的发展政策是不以英国的商业利益为前提的。但毫无疑问，这一时期英国并非完全是在非洲推行道义外交，英国在非洲还存在自我利益（self-interest），并且当英国的这些利益受到损害或威胁时，英国政府就会撕下道义面具而露出现实主义的真面孔。例如，这一时期英国有大量石油公司在非洲攫取石油资源，即使对非洲当地环境造成严重破坏也视若不见；还有大量英国军火商从非洲国家获得大量军火订单，而对非洲国家的内乱、冲突置若罔闻。甚至布莱尔政府还不时为它们进行辩护。②

如果说布莱尔工党政府时期的对非政策主要注重"道义外交"而鲜有提及英国在非洲的国家利益的话，接下来的英国保守党政府却由于国内、国际形势的变化不断强调英国在非洲的国家利益。2008 年国际金融危机发生后，英国的经济形势开始下滑。2011 年利比亚战争发生后，英国在非洲面临的安全形势也日益严峻。因此，2010 年以来上台的英国保守党主导的联合政府开始重视英国在非洲的商业利益和安全利益，并且开始坦率表达在非洲的利益存在，这些利益包括：防止或减少英国自身的不稳定因素；保护海外英国公民的安全；推动英国与非洲贸易，确保获得资源；以及争取非洲盟友，获得他们的政治支

① 张永蓬：《趋于全面务实的英国对非政策》，载《非洲发展报告（2013—2014）：大国对非政策动向与中非关系的国际环境》，社会科学文献出版社 2014 年版，第 38 页。

② 有关英国在非洲的石油资源利益，参见 Tom Porteous, Britain in Africa, pp. 43 - 44.

持。2015 年 5 月，英国保守党再次赢得议会多数席位，开始实行更为现实的“商务外交”，把商业利益作为发展对非关系的优先考虑，积极推动与非洲的贸易和投资关系。2016 年 6 月英国“脱欧”公投后，英国保守党政府提出了“全球英国”对外政策理念，在政治上更加强调与非洲国家建立伙伴关系，在经济上更加强调与非洲之间的经贸关系，在安全上更加强调在非洲的军事存在，特别是更加主动地介入西非地区特别是萨赫勒地区的安全事务，在文化上更加重视扩大英国在非洲的影响力，进一步推广英国的“民主、法治、人权”以及“基于规则的国际秩序”理念。在“全球英国”理念的指导下，英国首相特蕾莎·梅 2018 年 8 月在开普敦的演讲中提出了对非新战略，继任的鲍里斯·约翰逊政府延续并进一步全面阐明了英国对非新战略的内容。为实施对非新战略，推动非洲在繁荣、安全和稳定、人口转型、气候变化和萨赫勒地区五大领域实现根本转变，无论是特蕾莎·梅政府还是约翰逊政府都强调英国的对外援助必须服务英国的国家利益。约翰逊首相还特别指出，英国的对外援助必须与英国的外交保持一致，为此他不但将对外援助的决定权收归英国外交部，还将英国国际发展部并入到英国外交部。此外，由于疫情给英国经济带来的影响，约翰逊政府还减少了英国官方援助在英国国民总收入中的比例。这些举措都体现了“脱欧”公投后英国政府为了追求英国国家利益而采取的实用主义态度。

与英国不同，中国在非洲算得上是一个姗姗来迟的后来者。半个多世纪以来，中国一直将非洲看作是风雨同舟的好朋友、休戚与共的好伙伴、肝胆相照的好兄弟，双方从来都是命运共同体。长期以来中非双方坚持真诚友好、平等相待，结下了深厚的传统友谊，成为中非双方的宝贵财富。关于中国对非洲需求的变化，可以从中国对非关系政策目标的变化中看出来。截至 20 世纪 80 年代初期，中国的对非政策基本上是配合或满足中国的外交或政治需求。进入20世纪90年代中期，基于非洲在中国外交和发展战略中的地位和作用，中国对非洲出现新的战略需求，即由此前相对单一的外交或政治需求拓展到政治、经济双重需求，从这一时期开始，中国率先并持续加大了对非工作力度。这样，在冷战结束后初期，当西方大国对非洲关系出现漠视之际，中国却积极参与到对非关系，还把发展对非关系纳入中国发展战略之中。① 进入21世纪后，2000年中非合作论坛机制的启动为中非关系的发展注入了新的活力和动力。2006年中非峰会在北京召开，中国政府还在这一年首次发表对非政策文件，提出中非建立和发展政治上平等互信、经济上合作共赢、文化上交流互鉴的新型战略伙伴关系。近10年来，政策文件内容得到全面有效落实，为指导中非关系全面发展发挥了重要作用。2015年12月中非合作论坛第二次峰会在南非举办，中国政府发表了第二份对非政策文件，提出中非建立和发展政治上平等互信、经济上合作共赢、文明上交流互鉴、安全上守望相助、国际事务中团结协作的全面战略合作伙伴关系，并强调在新形势下中国将秉持真实亲诚对非政策方针和正确义利观，推动中非友好互利合作实现新的跨越式发展。2018年9月中非合作论坛第三次峰会在北京召开。此次峰会的最重要成果是中非双方一致同意构建更加紧密的命运共同体，非洲国家支持并参与共建“一带一路”，非方高度赞赏中方为下一阶段中非务实合作提出的“八大行动”，双方还一致认为应共同坚持多边主义，抵制单边行径，支持联合国发挥核心作用。新冠肺炎

① 张宏明：《中国在非洲的国际处境及其演化趋势》，载《非洲发展报告（2013—2014）：大国对非政策动向与中非关系的国际环境》，社会科学文献出版社2014年版，第12页。关于非洲在中国外交和发展战略中的地位和作用，参见张宏明《中非关系的发展环境与发展思路》，载《非洲发展报告（2011—2012）：新世纪中非合作关系的回顾与展望》，社会科学文献出版社2012年版，第2—7页。

疫情在非洲蔓延后，作为非洲的好伙伴、好朋友、好兄弟，中国政府想非洲所想，急非洲所急，在2020年6月17日召开了中非团结抗疫特别峰会。习近平主席在峰会主旨演讲中提出了四个“坚定不移”：坚定不移携手抗击疫情；坚定不移推进中非合作；坚定不移践行多边主义；坚定不移推进中非友好。同时，习近平主席还提出了帮助非洲抗击疫情的具体措施，如建设非洲疾控中心总部、延长非洲国家的还债期限、支持非洲加强大陆自贸区建设，支持非洲加强互联互通和保障产业链供应链建设，与非洲国家共同拓展数字经济、智慧城市、清洁能源、5G等新业态合作等。这一切无不体现了中国真实亲诚的对非政策理念以及正确义利观。2021年11月29日在塞内加尔首都达喀尔召开的中非合作论坛第八届部长级会议上，习近平主席在主旨演讲中提出了构建新时代中非命运共同体的“四点主张”以及中国与非洲国家共同实施的“九项工程”,① 这为中非关系未来发展指明了方向和路径。此次论坛通过的《中非合作论坛第八届部长级会议达喀尔宣言》（以下简称《达喀尔宣言》）《中非合作论坛——达喀尔行动计划（2022—2024年）》（以下简称《达喀尔行动计划》）《中非应对气候变化合作宣言》《中非合作2035年愿景》四项文件，既体现了中非合作的原则性共识，也表明了中非合作的具体性领域；既有今后几年的合作蓝图，也有更长远未来的合作愿景。

2000年后中非经贸关系的快速发展引起西方大国的广泛关注，当然包括英国。例如，在贸易方面，2000年中非贸易额首次突破100亿美元，2014年中非贸易额已超过2000亿美元。其中在2004年、2006年中国先后超越英国和法国成为非洲第三大

① “四点主张”分别是坚持团结抗疫、深化务实合作、推进绿色工程以及维护公平正义；“九项工程”分别是卫生健康工程、减贫惠农工程、贸易促进工程、投资驱动工程、数字创新工程、绿色发展工程、能力建设工程、人文交流工程以及和平安全工程。

和第二大贸易伙伴，2009年中国超越美国成为非洲第一大贸易伙伴。在投资方面，2000年中国对非投资存量约为5亿美元。2020年是中非合作论坛成立20周年。20年来中非贸易和投资迅猛发展。2020年中国对非贸易和投资相比2019年略有下降，但2020年中非贸易额仍达到1870亿美元，约为2000年的20倍；2020年中国对非洲直接投资存量超过474亿美元，约为2000年的100倍。中国已经连续12年成为非洲的第一大贸易伙伴国，2019年中国成为非洲的第四大投资者，仅次于荷兰、英国和法国。① 面对中国这个"后来者"在非洲的快速发展势头，一向视非洲为自己势力范围的英国绝不会视而不见、等闲观之。特别是当中国的对非政策和在非洲的利益诉求与其发生冲突时，更是引起英国的强烈反应和反击。

在布莱尔首相第二、三任期，英国和中国在非洲就发生过明显的利益冲突。这一时期也是其他西方大国对中国在非洲活动反应最为强烈的时期。因为这一时间跨度恰好是中非合作成果集中释放，特别是中国快速发展、中国国际影响力迅速提升时期，同时也是国际社会高度关注中国在非洲活动及中国在非洲活动国际阻力较大时期。② 从英国方面来看，这一时期正是英国政府高度关注非洲发展、大力推行道义外交、竭力鼓吹并实施其"民主、人权、法治、良政"等价值观的时期。看到中国在非洲迅猛发展，当时英国政府的一些政客、媒体、学者十分不安，一方面担心中国在非洲的经贸活动会给英国企业带来巨大的竞争压力，另一方面则担心非洲国家对"中国模式"的认可和接受会损害他们在非洲推行"民主、人权、法治和良政"所已形成的一些成果，因此，他们对中国政府和企业进行大肆

① UNCTAD, World Investment Report 2021, p. 38.

② 张宏明：《大国经略非洲研究》，社会科学文献出版社2019年版，第20页。

批评、指责，抹黑中国在非企业的形象。

2007 年在英国议会上院举行的一场有关中国在非洲投资的辩论最能表现出当时英国政府对中国在非洲活动的反应以及英国和中国在非洲的利益冲突。在这次辩论中，发言者排队表达对中国在非洲投资的看法，他们看法一致，相互附和，无不对中国在非洲活动表示担心和不安，害怕中国在非洲活动会给英国对非政策带来负面、消极的影响。①

之所以这一时期英国政府和媒体会对中国在非洲的活动反应如此强烈，笔者认为主要原因应当是英国和中国当时在非洲没有形成利益交集和利益契合点：英国当时大力推行道义外交，强化“民主、人权、法治、良政价值观”，而没有明确提出自己在非洲的商业利益，而中国在这一时期在非洲大力拓展经贸活动，实行“不干预内政”政策，这就造成了双方在价值观层面的正面冲突，在商业利益方面又不存在任何契合点或可以进行合作的领域，于是表现出来的只有利益的对抗和冲突，而没有利益的对话和合作。2008 年国际金融危机发生后，英国政府开始关注在非洲的商业利益，并明确提出了优先发展商务外交的政策思路，“人权、民主、法治、良政”等价值观的传播不再是英国政府对非政策的优先选择，另外英国政府还强调在发展对非关系时应加强与中国等新兴经济体国家的合作，而在中国对非政策方面，近年来，中国政府除将经济利益作为在非洲利益拓展的优先取向外，② 还明确提出在对非开展合作中，坚持正确的义利观，义利相兼，以义为先，同时还提出在非洲探讨开展三方合作和多方合作，共同为非洲实现和平、稳定、发展作出

① Julia Gallagher, “Ruthless Player or Development Partner? Britain’s Ambiguous Reaction to China in Africa”, *Review of International Studies*, vol. 37, issue 5, 2011, p. 2304.

② 关于中国在非洲利益层次和利益优先取向的分析，参见张宏明《中国在非洲利益层次分析》，《西亚非洲》2016 年第 4 期。

贡献。可见双方在非洲活动的利益交集正在逐渐形成并扩大，利益契合点开始出现并增多，这就为英国和中国在非洲提供了合作的机遇和空间。因此，自2008年后，随着英国和中国在非洲利益的转变和政策的转向，双方在非洲活动方面对话和合作逐步增多，对抗和冲突逐渐减少。

英国"脱欧"公投后，英国政府提出"全球英国"对外政策理念，强调自由贸易对英国的重要性，倡导多边主义，并积极发展与其他国家的伙伴关系，同时不断鼓吹"以规则为基础的国际秩序"，标榜英国作为一支"向善的力量"，应积极宣扬英国的价值观，提升英国在全球的影响力。英国政府在"脱欧"公投后提出的对非新战略体现了"全球英国"对外政策理念，在强调与非洲发展经贸关系，维护非洲地区和平与安全的同时，也注重在气候变化和可持续自然资源管理以及人口转型等新的领域加强与非洲的合作。同时，英国政府还把软实力作为实现对非新战略"五大领域"转变的三大推手之一，在非洲大力推行英国的"民主、人权、法治"等价值观，利用英国文化委员会、英国广播电台、英国的奖学金项目扩大英国在非洲的影响力，积极争取非洲年轻人认同英国的价值观，抵制其他国家包括中国在非洲日益上升的影响力。特别是"脱欧"后，为了更好地服务英国的国家利益，英国政府改变了此前将发展援助与英国对外政策脱钩的做法，而是将英国的发展援助与英国的商业利益和外交政策结合起来，由英国外交部来决定哪些国家可以获得英国的发展援助。非洲是英国对外援助的主要目的地，英国政府必然会利用发展援助来促进英国的商业利益，推广英国的价值观。因此，在未来几年，英国和中国在非洲既有合作的机会，也面临对抗的风险。双方的合作将主要集中在经贸领域，特别是在绿色能源、数字经济、基础设施建设等领域，在气候变化、和平安全、公共健康、减贫、多边主义等领域，双方也有合作的可能。双方在非洲的对抗将集中在人权、民主、法治等价值观领域，英国有可能利用其软实力恶意中伤、污蔑中国在非洲的经贸活动，干扰、破坏中非关系，甚至会利用其发展援助鼓动一些非洲国家阻挠或抵制中国在当地的经贸活动。

从2019年的英国对非新战略以及2020年英国上院国际关系与国防特别委员会有关非洲政策的报告来看，在“脱欧”公投后，英国政府十分关注中国在非洲的发展，并就如何处理双方在非洲的关系提出了一些建议。例如，在2019年有关英国对非新战略的备忘录中，英国外交部认识到中国是非洲最大的贸易伙伴，也是非洲投资和发展资金的重要来源，中国在非洲倾向于关注基础设施和经济开发活动，英国和中国在非洲开展合作有利于提高投资的有效性，促进非洲经济发展，也可为英国公司创造机会。但英国外交部也强调，英国与中国在非洲开展合作时，必须继续保护英国的价值和非洲的发展利益。该备忘录还提出了英国和中国在非洲合作的其他领域，如公共健康、和平安全等领域，同时，英国外交部还希望通过中英有关非洲的战略对话机制改变中国的发展援助政策。① 在2020年英国上院国际关系与国防特别委员会有关非洲政策的报告中，接受调查的英国人士大都认为中国在非洲的经贸活动总体上是好的，有利于非洲经济发展，但也有一些人士对中国在非洲经贸活动的透明度以及债务问题表示担忧。对于英国和中国在非洲的关系，一些人士认为，双方在非洲存在着“竞争的和共同的”（competing and common）利益，例如在经济和安全领域双方在非洲都有

---

① Written Evidence from the Foreign and Commonwealth Office on Behalf of Her Majesty's Government（UKA0012），“Beyond Aid：The UK's Strategic Engagement in Africa”，http：//data. parliament. uk/writtenevidence/committeeevidence. svc/evidencedocument/foreign-affairs-committee/beyond-ai d-the-uks-strategic-engagement-in-africa/written/105575. html，visited on 26 June 2021.

共同利益。通过调查，英国上院国际关系和防务特别委员会认为，英国和中国在撒哈拉以南非洲的利益并不总是一致的，但在有些领域的利益是重叠的。英国政府应继续在一些双方具有共同利益的问题上加强与中国的合作，如地区安全。许多非洲国家政府将中国视为重要的伙伴和投资来源，因此，英国在适当情况下应寻求与中国开展建设性合作，特别是通过多边机构在诸如债务、健康、气候变化和贸易等领域进行合作，同时要确保英国的国家利益和价值。① 可见，英国政府也意识到中国已成为其制定对非政策的一个不可忽视的重要因素，从实用主义的角度出发，英国希望和中国在双方具有共同利益的领域扩大在非洲的合作。但从价值观领域考虑，英国将中国作为一个体系竞争者，必然会利用其软实力抵制中国在非洲的影响力，这又会损坏双方在非洲的合作。实际上，英国和中国在非洲的关系在很大程度上取决于两国战略关系的变化，这是影响中英在非利益关系的基本因素。

2. 影响中英在非利益关系的基本因素

大国对非关系只是其对外关系的一部分，同样，因大国对非关系而引起的大国在非洲的关系说到底也只是大国关系的一个组成部分，因此，研判其走势不能脱离大国关系本身的走势以及与之相关的国际政治生态环境和世界经济形势的演化态势。② 就中英在非利益关系而言，影响其走势的基本因素是两国的战略关系发展变化，但同时要考虑"西方因素"及"非洲因素"等其他相关"变量因素"。

---

① House of Lords Select Committee on International Relations and Defence, "The UK and Sub-Saharan Africa: Prosperity, Peace and Development Co-operation" (1st Report of Session 2019 -21), pp. 31 -33.

② 张宏明：《大国战略关系视角下的中国与非洲——中非关系的结构性缺陷与演化趋势》，《学术前沿》2014 年第 7 期。

（1）英国与中国战略关系对双方在非洲关系的影响①

2008 年后，英国政府因金融危机造成的影响开始采取更加务实的外交政策，积极加强并改善与中国的关系。在对非问题上，英国政府已经认识到，靠单纯的援助无法解决非洲面临的穷困问题，必须促进非洲贸易和投资的发展，才能实现非洲的繁荣，而非洲的繁荣有利于解决非洲的冲突、战乱、恐怖主义、疾病等问题。这样，英国政府希望通过发展与中国的关系，来加强双方在非洲事务上的对话和合作。2009 年 1 月 22 日，英国外交部在历史上首次公开发布了有关中国的政策文件即《英中合作框架》。在该文件的序言中，英国时任首相布朗认为，与中国合作至关重要，有助于减少贫困、解决冲突、达成解决气候变化的有效框架。英国时任外交部长米利班德也在序言中写道，“在今后四年及更长时间内，与中国的紧密关系有助于建设一个更美好的英国、更美好的中国和更美好的世界”，“中国在非洲不断增加的参与活动有助于非洲国家更快实现《千年目标》”。② 这份文件分别阐述了中国对英国的重要性、中国发展为英国提供的机遇和挑战以及英国的应对策略。在“我们的重要机遇和挑战”部分提到了中国在发展中国家特别是在非洲国家的经济影响，并指出英国可以在非洲事务方面和中国建立紧密的工作关系，要“向中国阐释为什么良政、可持续发展、捐赠者协调和有效援助有助于提升发展效果，而且有利于中国在发展中国家获得更多利益”。

《英中合作框架》文件发布后，中英两国政府高层进行了一系列的互访活动，加强双方在政治、经贸、地区热点问题等领域的交流与合作。2008 年 1 月布朗首相访问中国，表示要扩大

① 这一部分前三段的内容，参见张宏明《大国经略非洲研究》，社会科学文献出版社 2019 年版，第 288—291 页。

② FCO，“The UK and China：A Framework for Engagement”，22 Jan 2009，pp. 3 -4.

与中国的双边贸易，促进双方企业相互投资，加强与中国在人文、科技、文化领域的合作，并就一些重大国际和地区问题如达尔富尔问题、气候变化问题等同中方深入交换了意见。卡梅伦首相在2010年11月和2013年12月两次访华，希望双方在相互理解并尊重彼此利益基础上建立长期友好关系，与中国建立更加紧密的伙伴关系并共同应对21世纪所面临的新挑战、新问题。2014年4月初，时任英国外交部国务大臣马克·西蒙斯就非洲议题访华。在接受记者采访时，他表示中英两国的公共部门和私人企业在非洲开展合作不但使中英两国受益，而且能惠及非洲国家。他认为中英两国可以在非洲开展能源、基础设施、贸易与投资、安全等领域的合作。他还特别强调，中国在非洲的贡献是非常积极正面的，他反对将中国在非洲的投资和建设视为新殖民主义的观点。① 2014年是中英两国建立“全面战略伙伴关系”的十周年，在这一年中英双边贸易额首次突破800亿美元，中英双向投资增长迅速，截至2014年年底，中国在英投资存量达400多亿美元，英国已成为中国在欧洲最大投资目的地国。

2015年是中英两国全面战略伙伴关系第二个10年的开局之年，中英双方政府更加重视双方的合作。2015年3月，英国不顾美国等西方大国的反对，申请加入亚投行，成为加入亚投行的第一个西欧国家，表明了英国政府加强与中国合作的决心和意愿。2015年10月习近平主席访英是中英两国关系发展中一件大事，在访英期间，中英两国领导人宣布构建面向21世纪全球全面战略伙伴关系，开启了中英关系“黄金时代”。习近平主席在10月21日的演讲中提到，中国的发展得益于国际社会，也必将回馈国际大家庭；中国的发展不会牺牲别国利益，只会增

① 岳菲菲：《英国外交部官员访华，称赞中国在非洲贡献》，《北京青年报》2014年5月3日。

进共同利益。英国国际发展部驻华代表高级经济顾问善明表示，英国和中国合作将减少全球贫困、促进非洲经济增长、共同发挥大国责任。从中英两国战略关系的发展变化来看，双方都十分重视国际发展问题，愿意就非洲事务加强对话和合作。例如，英国在其《国家安全战略和战略防务及安全评论（2015）》中特别强调要加强与新兴国家建立更密切的关系，而中国在《对非政策文件（2015）》中也特别指出，中国以积极、开放、包容的态度同其他国家及国际和地区组织加强协调与合作，在非洲探讨开展三方和多方合作，共同为实现非洲和平、稳定、发展作出贡献。

2016 年"脱欧"公投后，特蕾莎·梅就任英国首相，英国和中国关系发展面临新的窗口期。在"脱欧"公投后初期，英国各界大都认为中国是对冲"脱欧"影响、实现"全球英国"战略目标的重要选项。[①] 因此，这一时期的英国政府希望进一步加强英中关系。2016 年 9 月，特蕾莎·梅首相和习近平主席在 G20 杭州峰会期间表示，双方将积极深化英中全面战略伙伴关系，继续打造英中"黄金时代"。同年 11 月，中国国务院副总理马凯出席第八次中英经济财经对话。对于此次会议，特蕾莎·梅认为将是"两国扩大贸易和投资的机会"，英国时任财政大臣哈蒙德也表示，"英中关系的黄金时代会继续深化。英中两国经济具有互补性，是天然的伙伴"。[②] 对于中国提出的"一带一路"倡议，英国政府也表现出明显的兴趣。英国财长大臣哈蒙德分别在 2017 年和 2019 年参加了第一届和第二届"一带一路"高峰论坛，再次强调英国是中国"一带一路"建设的天然伙伴，英国可以为"一带一路"项目提供法律、专业和技术服

① 王展鹏：《百年大变局下英国对华政策的演变》，《欧洲研究》2020 年第 6 期。

② https：//www. gov. uk/government/news/uk-china-discuss-the-next-step-for-economic-and-trade-relations.

务，而且英国还在2019年4月启动了为期三年的中国基础设施项目，通过与中国合作改善亚洲和非洲的基础设施。① 2018年年初特蕾莎·梅首相访问中国被认为是中英"黄金时代"的升级，中英关系进入新阶段。在访华期间，特蕾莎·梅首相多次提及中英黄金时代、经贸关系以及两国共同应对的全球性挑战。这一时期英中关系的发展为英国带来了切实的好处，如2017年、2018年英国连续成为中国对欧投资的第一大目的国，伦敦金融城成为世界最大的人民币外汇交易中心，中英"沪伦通"和本币互换协议的实施在"脱欧"背景下加强了伦敦全球金融中心的地位。②

但英国对华关系在很大程度上受到美英特殊关系的制约。可以说，美英关系是英国对华政策的最重要的第三方因素。③ 英国"脱欧"后，美国因素会更为突出，将在较大程度上影响英国对华政策及中英关系。④ 2018年2月，英国外交部在提交给英国下院外交事务委员会有关"全球英国"质询的备忘录中指出，英美关系仍是英国最重要的双边关系，英国政府将和此前一样与美国密切合作，英国和美国将继续作为以规则为基础的国际体系内的领导者以及该体系的支持者而行事。该备忘录还提到，英国将与美国坚定地站在一起，以应对俄罗斯和中国所带来的影响。⑤ 特蕾莎·梅政府初期中英关系之所以有较大发展，既有"脱欧"公投后英国自身发展的需求，也有更为重要

---

① https：//www. gov. uk/government/speeches/belt-and-road-forum-philip-hammonds-speech，visited on 26 June 2021.

② 王展鹏：《百年大变局下英国对华政策的演变》，《欧洲研究》2020年第6期。

③ 王展鹏：《百年大变局下英国对华政策的演变》，《欧洲研究》2020年第6期。

④ 王明进：《后"脱欧"时代英国对华政策前瞻》，《国际经济评论》2020年第2期。

⑤ Written evidence-Foreign and Commonwealth Office（FPW0027）.

的美国因素。这一时期，特朗普刚刚就任美国总统，他提出“美国优先”政策，推行单边主义，甚至对英国等西方盟友也实施贸易制裁。这引起英国等许多西方国家的不满。英国上院国际关系特别委员会在2018年12月发布的有关英国对外政策的报告认为，美国特朗普政府在诸如伊朗核协议和贸易政策等重要议题上采取的许多单边外交政策决定损害了英国的利益，美国所采取的内向的“美国优先”立场使它更少关注其跨大西洋盟友和多边主义。因此，英国政府不应像过去那样，对于当前的重要问题试图寻找一种共同的美国/英国方式。① 考虑到中国日益增长的经济和地缘政治影响力以及技术能力，该报告认为，将中国视为体系竞争对手，不符合英国的利益。相反，英国政府应寻求与中国进行密切合作，以解决重大的全球性问题，但同时应确保此种合作符合国际人道主义法律并且能够与英国的其他亲密朋友如日本取得平衡。② 可见，在特蕾莎·梅政府初期，英国的“全球英国”对外政策理念以及多边主义立场与美国的“美国优先”以及单边主义立场很难调和，产生了一定的冲突，在这种情况下，特蕾莎·梅政府出于实用主义态度更愿意加强英中关系，以追求英国的国家利益。不过，正如英国外交部有关“全球英国”的备忘录指出的那样，虽然美国特朗普政府的对外政策在很多方面与英国的对外政策不同，但“这些并不妨碍我们携手致力于共同目标和全球利益”，“保持英国在北美特别是美国、欧洲及其邻国以及亚太地区的影响力是全球

① House of Lords Select Committee on International Relations, “UK Foreign Policy in a Shifting World Order” (5th Report of Session 2017 – 19), p. 3.

② House of Lords Select Committee on International Relations, “UK Foreign Policy in a Shifting World Order” (5th Report of Session 2017 – 19), p. 3.

英国取得成功的关键”。① 在特蕾莎·梅政府后期，由于西方国家对华崛起的态度趋于一致，再加上来自特朗普政府的压力，其对华政策有所改变，特别是在涉港、涉疆问题上，不断干涉中国内政。2019 年 3 月，英国议会下院外事委员会在其《中国与基于规则的国际体系》的质询报告中认为，英国对华政策不应因为经济利益而牺牲其国家安全和价值观等方面的利益。②

2019 年 12 月 13 日约翰逊赢得英国大选正式就任英国首相后，英国对华政策开始出现明显转向。这一转向同样受到英国国内因素和美国因素的影响。在国内，由于应对疫情不力，保守党地位受到削弱，为推卸防疫政策失误的责任，其对华政策的价值观外交、意识形态色彩和屈从美国压力的倾向进一步增强，英国政府也希望借助所谓“香港问题”“南海问题”“新疆问题”等显示大国地位，巩固英美特殊关系。③ 美国为拉拢约翰逊政府共同应对中国，也主动向约翰逊政府示好。约翰逊赢得大选胜利后，特朗普本人在第一时间向其表示祝贺，并许诺英国“脱欧”后美国可与英国签署自贸协定。在此情况下，英国与美西方国家对华立场趋于一致，在一些涉华问题上态度更加强硬。例如，约翰逊政府在大选后再次宣布将于 2021 年派航母到南海巡航；在涉港问题上，英国政府还联合美、澳、加等国对香港实施国安法横加指责；在涉疆问题上，英国政府还提出西方国家应联合制裁中国；英国政府还配合美国的“索赔论”和“脱钩论”，提出建立所谓“民主国家十国联盟（D10）”的可能性，以便更好地应对“中国带来的挑战”；此外，英国政府还在华为问题上与美国沆瀣一气，共同打压华为。2021 年 1 月

① Written evidence-Foreign and Commonwealth Office（FPW0027）.

② https：//publications. parliament. uk/pa/cm201719/cmselect/cmfaff/612/612. pdf，visited on 26 June 2021.

③ 王展鹏：《百年大变局下英国对华政策的演变》，《欧洲研究》2020 年第 6 期。

拜登就任美国总统后，提出“恢复美国世界领导地位”的口号，取代了此前特朗普政府的“美国优先”口号，逐步修复与跨大西洋盟友的关系，并重返多边外交，如重新加入巴黎气候协定，停止退出世界卫生组织等，但在对华关系上，拜登政府延续了其前任的对华强硬立场。在拜登政府的安抚和压力下，约翰逊政府在对华政策上更是与美国亦步亦趋，言听计从。例如，约翰逊政府在2021年3月发布的《安全、国防、发展和对外政策综合评估报告》重申美国仍是英国最重要的战略盟友和伙伴，是北约和“五眼联盟”等重要联盟和团体的关键成员，并且也是英国最大的贸易伙伴和投资者。英国政府将继续加强与美国在安全、情报等传统政策领域的合作，并在能够一起发挥更大作用的领域如打击非法资金等领域强化这一合作。① 对于中国，该报告则完全采用了美国的立场，认为中国具有不同于西方的价值观和发展模式，对英国及其盟友带来威胁。② 但该报告也认可与中国进行经贸合作的重要性以及中国在解决全球性重大问题的影响力，因此，英国政府希望继续扩大与中国的贸易和投资联系，并在解决诸如气候变化和生物多样性保护等全球性问题上与中国加强合作，但如果英国的价值观和利益受到威胁，“我们将毫不犹豫地维护我们的价值和利益”。③ 这也表明了英国在对华政策方面的矛盾立场，一方面强调中国对英国经贸关系的重要性，另一方面又念念不忘英国的价值观和所谓的“以

① HM Government, “Global Britain in a Competitive Age: The Integrated Review of Security, Defence, Development and Foreign Policy”, p. 20 and p. 60.

② HM Government, “Global Britain in a Competitive Age: The Integrated Review of Security, Defence, Development and Foreign Policy”, p. 26 and p. 62.

③ HM Government, “Global Britain in a Competitive Age: The Integrated Review of Security, Defence, Development and Foreign Policy”, p. 62.

规则为基础的国际秩序"。在对华关系上，是坚持经贸优先，还是价值观优先，最终可能仍要取决于英国在不同时期的国家利益需求，这也是英国外交政策灵活性的一种表现。

中英战略关系的变化会直接影响双方在非洲的关系。如果英国将发展经贸关系和合作解决全球性问题置于中英关系的优先地位，则双方在非洲就可有许多合作机会。双方都强调促进非洲经济发展，解决非洲贫困问题，维护非洲和平与安全，改善非洲妇女儿童地位，增加非洲就业，双方就可在上述领域开展合作，如合作开发非洲基础设施，在数字经济、绿色能源、人才培养、地区冲突与稳定等领域在非洲进行合作。双方也可在气候变化、保护生物多样性、打击跨国犯罪等全球性问题上在非洲开展合作。这些领域也是双方对非政策中的优先事项。双方在非洲的合作将助于实现非洲繁荣、和平与安全。如果英国继续追随美国，在对华关系上一味强调双方价值观的对立，一味坚持"以规则为基础的国际秩序"立场，将不利于双方在非洲的合作。为了抵制中国在非洲的影响力，拜登政府提出在非洲进行价值观外交，而且美国国务卿布林肯在2021年网络访问尼日利亚和肯尼亚时挑唆非洲国家在与中国打交道"要睁大眼睛"。英国政府的对非新战略也强调利用软实力扩大英国在非洲的影响力，宣扬英国的"民主、法治、人权"价值观以及"以规则为基础的国际秩序"。实际上，"以规则为基础的国际秩序"只是英国政府提出来的用以维护英国利益的一种冠冕堂皇的口号而已。在英国外交部看来，它"可以从许多方面服务英国的利益：通过安全和经济的融合促进和平和繁荣；鼓励国家采取有可预见性的行为；以及支持和平解决争端。它也鼓励国家以及许多非国家行为者为开放市场、法治、民主参与和责任制创造条件"。① 说到底，所谓"以

① House of Lords Select Committee on International Relations, "UK Foreign Policy in a Shifting World Order" (5th Report of Session 2017 - 19), p. 8.

规则为基础的国际秩序”维护的仍是英国等西方国家的规则和秩序，是它们为了自己的私利而炮制出来的一颗骗人的糖丸。如果英国坚持在非洲和中国进行价值观对抗，并像美国那样，对中国在非洲的经贸活动进行抹黑和污蔑，双方在非洲的关系就不可能一帆风顺。反之，在英国经济因疫情影响不断恶化的情况下，不排除英国采取更加务实的外交政策，积极同中国发展经贸关系，并在非洲开展三方合作。

从现实情况来看，无论是“非洲因素”还是“西方因素”都存在中英在非洲开展合作的可能性。从“非洲因素”来看，对于中非关系的发展，大部分非洲国家都持欢迎和积极的看法，并对西方国家抛出的各类污蔑中国在非洲活动的言论进行驳斥，他们普遍认为，西方对中非合作横加指责毫无道理，所谓中国在非洲搞“新殖民主义”纯属无稽之谈，非洲与中国的关系完全建立在相互尊重、平等协商、互利共赢的基础之上，西方的做法只是为了挑拨中非关系，阻挠中国企业进入非洲市场与欧美企业竞争，维护少数西方国家在非洲的既得利益。① 对于中英两国提出的要在非洲加强合作的建议，非洲国家也普遍持支持的态度，他们认为中英两国可以在非洲发挥互补作用，开展三方合作有利于非洲大陆的发展。② 2016 年 7 月 29 日在北京召开的约翰内斯堡峰会成果落实协调人会议共有来自非洲 52 个论坛成员方 300 多人参加，其中高级官员就占了参会人数的三分之一强，表明了非洲国家对加强中非合作的信心和愿望。在此次会议上，中非双方通过了《联合声明》，提出了共同发展、集约发展、绿色发展、安全发展、开放发展的五大合作理念，成为

① 张宏明：《中非合作：是“新殖民主义”还是平等互利?》，《学习月刊》2006 年第 12 期。

② Institute of Development Studies, Trilateral Cooperation on Trade and Investment: Implications for African Industrialization, Policy Briefing, Issue 103, October 2015.

今后中非合作的指导原则，符合中非双方的共同利益，受到非方高度认同。其中开放发展旨在发挥非洲国际合作伙伴各自优势和特点，为非洲和平和发展汇集合力，共享繁荣，这有利于中英非三方开展合作。2018 年中非合作论坛北京峰会上习近平主席提出的“八大行动”进一步拓展了中非合作的领域，也有利于推动三方合作。在此次峰会上，习近平主席还提出将“一带一路”建设和非洲 2063 年议程有效衔接，以解决非洲发展所面临的基础设施瓶颈问题。非洲国家对“一带一路”倡议抱有很大希望和兴趣，纷纷和中国签署了“一带一路”合作文件。截至 2021 年 11 月底，中国已和 52 个非洲国家签署了“一带一路”合作文件，非洲已成为参与“一带一路”合作最重要的方向之一。实际上，中国在非洲的“一带一路”建设也可为英国提供很多合作的机会。2021 年中非合作论坛第八届部长级会议通过的《达喀尔宣言》和《达喀尔行动计划》都明确表示，非洲国家欢迎并支持中方提出的全球发展倡议，强调完善全球发展伙伴关系是落实 2030 年议程和非盟《2063 年议程》的关键所在。此次部长级会议通过的四项文件详细列明了中非未来合作的一些具体领域，如绿色发展、清洁能源、生态保护、气候变化合作、数字合作、蓝色经济、减贫惠农、人力资源等，这些领域也是英国与非洲开展合作的重要领域。就“西方因素”而言，近年来，欧盟、日本以及美国加大了对非洲的投入力度，虽然英国与其他西方国家一道在非洲具有整体的利益，但它们并非铁板一块，它们在非洲有各自的利益追求，也存在矛盾和冲突。① 不排除今后英国会更加重视自己在非洲的经贸利益，进一步加强与非洲的合作，也会更加重视与中国等新兴经济体国

---

① 张宏明：《中国在非洲的国际处境及其演化趋势》，载《非洲发展报告（2013—2014）：大国对非政策动向与中非关系的国际环境》，社会科学文献出版社 2014 年版，第 23—24 页。

家在非洲的合作。

（2）英国与中国在非洲关系的现状及其演化趋势①

由于中英战略关系的发展以及“非洲因素”和“西方因素”等有利条件的存在，自2008年起，中英在非洲的合作与对话逐步增多，双方在非洲利益交集越来越大，利益契合点越来越多。英国对中国在非洲的活动开始采用更加务实的方法，考虑到中国在非洲经济和外交方面日益重要的影响力，中国已成为英国在非洲的优先合作伙伴。而中国对非洲的合作政策也更加开放和包容，愿意与其他国家在非洲开展合作。考虑到英国在非洲的传统历史影响及其在某些领域所具有的优势，中国也乐意与英国在非洲开展对话与合作，以减少双方在非洲的对抗和分歧。从现实情况来看，过去几年来，中英双方在非洲的合作取得了一系列的共识和成果。

2009年2月在首届中英商业峰会上，时任英国首相布朗与时任中国国务院总理温家宝就《中英非农业合作框架》达成共识，此后双方每年举行高层对话，就如何采取具体措施促进非洲发展以及两国如何与非洲开展更有效的合作交换观点。2013年12月，时任英国首相卡梅伦在访华期间参加了第三届中英商业峰会，随后两国开始探讨如何在非洲加强两国在基础设施投资和工程建设领域的合作，为此，中国对外工程承包商会还与英国土木工程师协会签署了谅解备忘录。2015年10月，在习近平主席访英期间，中英领导人还启动了新的发展伙伴计划以消除极端贫困，帮助实现联合国千年发展目标。此外，双方在非洲的合作还拓展到两国的部级层面。例如，英国外交部、国际发展部和中国外交部早在2008年就启动了中英非洲事务磋商机制，到2015年双方已就非洲事务进行了八轮磋商，涉及的议题

① 本部分前三段内容参见张宏明《大国经略非洲研究》，社会科学文献出版社2019年版，第291—294页。

包括非洲形势和非洲热点问题、涉非国际问题、各自对非合作、非洲和平与安全、中英非三方合作等。2011年英国国际发展部与中国商务部签署了设立伙伴关系的谅解备忘录，以促进发展合作，推动实现联合国千年发展目标。2014年，英国国际发展部又与中国开发银行签署了设立伙伴关系的备忘录，以促进非洲经济发展，减少非洲贫困。2015年英国国际发展部与中国国务院发展研究中心签署备忘录，决定设立一个国际发展知识中心（International Development Knowledge Center）。① 2015年10月22日，在习近平主席访英期间，中国中非发展基金有限公司与英国国际发展部签署《关于促进非洲投资和出口合作备忘录》，正式启动"非洲投资与增长的合作伙伴"（PIGA）项目。2016年2月双方正式启动该项目，中英双方经各自提名候选国后商讨决定，将埃塞俄比亚、肯尼亚、莫桑比克和赞比亚四国作为首批项目合作国家，并且在中国河北唐山召开了非洲四国投资研讨会，英国又一次成为最先响应中国号召的发达国家。

中英非三方政府也都高度重视三方合作，并为三方合作积极创造条件和机遇。例如，英国国际发展部和英国外交部过去数年来非常关注中国在非洲的发展以及英国同中国在非洲开展合作的可能性、路径和方式，它们发布了很多有关英国同中国在非洲开展合作的调研报告、材料等，② 英国的一些研究机构如国际发展研究所也对两国在非洲开展合作作了许多研

① Institute of Development Studies, "Trilateral Cooperation on Trade and Investment: Implications for African Industrialization", Policy Briefing, Issue 103, October 2015.

② FCO, "The UK and China: A Framework for Engagement" (2009); FCO, "China's Changing Economy: New Opportunities for Engagement in Africa?" (2014); DFID, "Promoting Growth in Africa: Working with China" (2006).

究工作。① 2014 年，英国国际发展部联合英国经济社会研究委员会（ESRC）共同设立了一个 450 万英镑的研究项目，以研究中国在非洲的经贸活动给非洲经济发展带来的影响以及对英国与中国在非洲开展合作的启示。从中国 2015 年发布的对非政策文件以及中国和非洲国家在落实约翰内斯堡峰会成果协调人会议上达成的有关五大合作理念的《联合声明》中可以看出，中国非常乐意与英国在非洲开展合作，而非洲国家则非常欢迎中英在非洲开展合作。从中英双方近年来的对非政策来看，双方对非政策的融合程度在加强，例如，英国在强调“民主、人权、法治、良政”等价值观的同时，越来越重视同非洲国家开展经贸合作，认为只有贸易和投资才能促进非洲繁荣，消除冲突和战乱，从而改善非洲治理；而中国在重视与非洲国家开展经贸关系的同时，更加注意把帮助非洲等发展中国家实现自主可持续发展同促进中国自身的发展紧密结合起来，注重义利相兼，以义为先、情义为重。双方在非洲开展合作的利益交集越来越大，利益契合点越来越多，共同利益的分量越来越重。从中英双方在非洲合作领域的互补性来看，英国作为非洲的老牌殖民宗主国，在语言、制度、文化等方面具有很强的优势，而中国作为一个后来者，在这些方面需要向英国学习；中国倾向于向对非洲的“硬件”进行直接投资，架桥铺路，建造工厂等，而英国更加关注“软件”建设，如派遣专业人员提供政策建议，以改善非洲的营商环境、提高发展部门的效率、促进金融系统

① IDS, “Is China’s Role in African Fragile States Exploitative or Developmental?”, Policy Briefing, Issue 91, March 2015; IDS, “Trilateral Cooperation on Trade and Investment: Implications for African Industrialization”, Policy Briefing, Issue 103, October 2015; IDS, “China’s Comprehensive Strategic and Cooperative Partnership with Africa”, Policy Briefing, Issue 111, February 2016.

的活力等。[①] 从习近平主席2015年12月4日在中非合作论坛约翰内斯堡峰会上提出的未来3年中国与非洲开展的"十大合作计划"来看，其中有很多领域与英国国际发展部和有关研究机构提出的与中国开展合作的领域不谋而合，具有高度的契合性。[②] 此后，习近平主席在2018年中非合作论坛北京峰会提出的"八大行动"以及在2021年中非合作论坛第八届部长级会议上提出的"九项工程"也为中英在非洲开展合作提供了很多机会。2021年中非合作论坛第八届部长级会议通过的《中非合作2035年愿景》有关未来中非合作的领域与英国政府2021年3月发布的《安全、防务、发展和对外政策综合评估》中有关英非未来合作的领域也有很多重合之处。这也为中英在非洲的未来合作提供了可能性。而且《中非合作2035年愿景》还明确表示，中国与世界各国及国际机构，在充分尊重非洲国家意愿的原则下，广泛开展对非三方合作，通过"支持非洲发展伙伴倡议"为支持非洲发展形成更有效合力。

2016年6月英国"脱欧"公投后，英国政府也非常重视中英在非洲的合作。2016年7月20日，由英国首相特使迈克尔·

---

① 郑青婷、唐山：《中英PIGA项目率先启动，与非洲四国试点国际产能合作》，《21世纪经济报道》2016年2月29日。

② 例如，英国外交部在其2014年的报告中认为，在英中非三方对话中可在下列领域开展优先合作：创建非洲地区贸易网；推动实施WTO贸易便利化协议；完善采掘业方面的治理水平；在基础设施领域加强合作，参见FCO，"China's Changing Economy：New Opportunities for Engagement in Africa?"（2014）；英国发展研究所在其2015年10月份的报告中对英国和中国在非洲开展合作的政策建议包括：通过基础设施建设和贸易便利化措施，促进非洲地区一体化；合作解决技能短缺和提供技术支持；合作发展非洲的农业和工业；对英国和中国之间的合作、交流和研究机制进行投资，参见IDS，"Trilateral Cooperation on Trade and Investment：Implications for African Industrialization"，Policy Briefing，Issue 103，October 2015.

贝尔带领的英国企业家代表团与在乌干达投资的中国企业家代表团在中国驻乌干达大使馆举行了中英企业联谊会，并见证了中国驻乌干达使馆和英国驻乌干达使馆签署有关加强基础设施合作的协议。贝尔认为，英国企业具有融资、管理、涉及等方面的优势，中国企业则在乌干达乃至非洲取得了很大的成功，双方有合作培育和开拓非洲市场的可能性，并将带动非洲企业的发展。中国驻乌干达大使赵亚力也表示，中英两国政府十分注重开展基础设施建设领域的国际合作，中国驻乌干达使馆愿为双方企业家搭建沟通、交流的合作平台，探索中国企业在非洲与英国企业合作的模式。2017 年 2 月 16 日，中国外长王毅在德国波恩参加 20 国集团外长会时会见了时任英国外交大臣鲍里斯·约翰逊。约翰逊在会谈时表示，希望能以创新性思维全面拓展英中合作，包括探索在非洲等地区开展经济社会领域的第三方合作。2017 年 7 月 4 日，中国外交部非洲司时任司长林松添与英国外交部非洲司时任司长韦根在北京共同主持中英第九轮非洲事务磋商，双方就各自对非合作、非洲形势以及涉非三方合作等问题深入交换了意见。2019 年 10 月 15 日，南非中国经贸协会与英国南部非洲商会在约翰内斯堡共同举办双方在南部非洲市场开展合作的谅解备忘录签署仪式。根据备忘录，中英企业将在贸易投资特别是基建领域开展互利共赢的合作。2019 年 11 月 21 日，中国外交部非洲司时任司长戴兵在伦敦同英国外交部非洲司时任司长马修斯、国际发展部非洲司司长埃德蒙森共同主持中英第十轮非洲事务磋商。双方就非洲形势、各自对非政策与合作、非洲热点问题等深入交换意见。① 戴兵表示中英都是联合国安理会常任理事国，对促进非洲和平与发展肩负特殊责任。中英对非合作各具特色和优势，双方就非洲事

① https：//www. fmprc. gov. cn/web/wjbxw _ 673019/t1475493. shtml，visited on 26 June 2021.

务加强沟通交流，积极推进中英非三方合作，有利于增信释疑，为非洲和平与发展事业作出更大贡献。马修斯和埃德蒙森表示，英中都是非洲重要合作伙伴，维护非洲和平与发展符合双方共同利益。英方愿同中方就非洲问题加强沟通对话，积极拓展涉非三方合作，共同支持非洲国家增强治理能力，实现可持续发展。①

英国与中国在非洲关系的演化趋势将在很大程度上取决于双方战略关系的变化。而英国与中国战略关系的变化又在很大程度上取决于英美关系。可以说，“美国因素”对中英在非洲的未来关系构成巨大影响。考虑到中国在英国对外经贸关系中的地位和作用，“脱欧”公投后英国政府十分重视与中国的关系。英国政府和议会有关“脱欧”后英国政府对外政策的文件和报告都会提到英国与中国的关系。在英国“脱欧”公投初期，特别是在特蕾莎·梅政府早期，由于美国特朗普政府采取的“美国优先”和单边主义政策，英国政府和议会都倾向于加强与中国的关系，特别是在经贸领域以及诸如气候变化、生物多样性保护等全球性议题领域。这为英国和中国在非洲就相关领域开展三方合作提供了良好的基础。但在美国拜登政府上台后，由于新政府逐步改善与西方盟友的关系，并逐步恢复多边主义外交传统，英国约翰逊政府与美国政府的关系越来越近，在许多重大问题上对美国言听计从，亦步亦趋，导致中英关系发展陷入低谷。对于中英在非洲的关系，由于美国拜登政府明确提出要利用“价值观外交”抵制中国在非洲的影响力，不难预料，英国政府也很可能跟随美国利用其惯用的“民主、人权、法治”等价值观加强与中国在非洲的竞争。约翰逊政府还明确提出要将英国的对外援助与英国外交结合起来，英国政府有可能在未

① https://www.fmprc.gov.cn/web/wjbxw_673019/t1718637.shtml, visited on 26 June 2021.

来利用其对外援助拉拢和引诱一些非洲国家，离间中非关系，抵制中国在非洲的影响力。但同时约翰逊政府在其《安全、防务、发展和对外政策综合评估》报告中也认识到与中国发展经贸关系的重要性，提出“我们将继续追求一种与中国的积极的贸易和投资关系”，“也将与中国在解决诸如气候变化等全球性问题上开展合作”，① 而且“我们将积极介入非洲，特别是在东部非洲”。② 从英国政府的这些有关中国和非洲政策的表述来看，这为中英在非洲的第三方合作留下了可能。英国政府 2021 年 3 月发布的《安全、防务、发展和对外政策综合评估》报告是对其未来五年外交政策的重大调整，因此，就该报告有关涉及中国和非洲的内容来看，在未来 5—10 年，英国和中国在非洲将是竞争与合作并存的关系。至于是竞争多于合作，还是合作多于竞争，将在很大程度上取决于英中两国战略关系的变化。

（四）中国与英国在非洲关系的前景分析

从英中战略关系变化以及英国对非洲政策的走势来看，中国与英国在非洲既有合作的机遇，也面临竞争的挑战。中国应认清国际形势，充分考虑到“非洲因素”，加强与英国的对话与交流，完善对非工作机制，正确处理与英国在非洲的关系，争取实现三方合作共赢，尽量避免出现冲突和对抗。

1. 英国对非洲政策走势对中非关系的影响

世界主要大国，特别是西方大国作为在非洲极具影响力的

① HM Government, “Global Britain in a Competitive Age: The Integrated Review of Security, Defence, Development and Foreign Policy”, p. 22.

② HM Government, “Global Britain in a Competitive Age: The Integrated Review of Security, Defence, Development and Foreign Policy”, p. 6.

国家，它们对非洲战略或政策的调整，必然会影响中国在非洲的利益以及中非关系的正常发展，具体表现为：其一，将使中国开展对非合作面临激烈的国际竞争；其二，将使中非合作的发展空间受到一定程度的挤压。① 通过前文对英国未来5—10年对非政策走向的基本研判来看，英国未来一段时间内将继续沿袭目前的对非政策，会继续推动实现非洲"五大领域"转变。考虑到英国"脱欧"的影响，特别是英国对非洲发展的新认识，英国仍会将促进对非贸易与投资作为对非政策的优先发展目标。但与"脱欧"公投前的英国对非政策相比，英国开始重视非洲的气候变化和绿色转型问题，而且英国对非新战略更加强调利用英国的软实力，在非洲宣扬英国的"民主、人权、法治"等价值观。英国对非政策的变化和调整既给中非关系带来一定的机遇，也带来相应的挑战。

从有利方面来看，英国对非政策的调整给中非关系带来的发展机遇主要有两个：一是三方经贸领域的合作机会增加；二是三方在全球性议题上交流和对话的空间扩大。在经贸合作领域，中英双方都非常重视与非洲的经贸关系，并且提出了一系列对非经贸措施。英国"脱欧"公投以来，英国政府提出要使英国成为非洲的优选投资贸易伙伴，并不断采取措施扩大对非投资，增加英非贸易。英国政府通过举办英非投资峰会鼓励私人企业向非洲投资，还利用伦敦金融城、英国信贷机构等为对非经贸提供融资、信贷便利。在投资领域方面，英国政府更加重视科技、绿色能源、数字经济、农业等领域的投资。在贸易方面，英国也强调对非贸易的多样化，并不断扩大服务贸易的比重。从英国对非洲经贸的合作方向和重点来看，与中国对非

---

① 张宏明：《中非关系的发展环境与发展思路》，载《非洲发展报告（2011—2012）：新世纪中非合作关系的回顾与展望》，社会科学文献出版社2012年版，第13页。

经贸的发展趋势有很多重合之处，如重视数字经济、绿色转型、农业发展、科技创新、金融服务等，而且双方与非洲的经贸关系还有互补性，例如中国在非洲积极推进“一带一路”建设，所需要的投资资金可以从伦敦金融城通过发行债券的方式进行融资，对于基础设施建设所需要的管理、运营和法律服务也可由英国企业提供。这样就为双方在非洲开展三方合作提供了机会。对于一些全球性议题，如气候变化、生物多样性、打击跨国犯罪、和平与安全、WTO 改革、减贫以及疫情后经济恢复等，也都是英国、中国和非洲国家十分关注的领域。三方可以在这些领域加强沟通和交流。而且英国和中国也都强调多边主义，双方可以推动在联合国等多边机构推动对非洲相关议题的关注，更多照顾到非洲利益，为实现非洲繁荣贡献双方的力量。

从不利方面来看，首先，英国对非政策的调整将会使中非经贸关系的发展面临来自英国方面的激烈竞争。英国作为非洲的前宗主国，在非洲有深厚的传统影响，同时，英国具有语言优势、技术优势、制度优势、文化优势等，在英国加大对非经贸力度的情况下，必然会对中国开展对非经贸关系带来竞争压力。其次，英国对非新战略强调把“人权、民主、法治”等价值观置于对非工作的核心，英国很可能在未来利用价值观来干涉非洲国家内政，并对其他国家进行打压。由于中国在非洲的迅猛发展，当中国在非洲利益与英国在非洲利益发生冲突时，英国就会再次利用“民主、人权、法治、良政”等借口对中国在非洲的活动进行攻击。最后，作为西方国家的一员，英国与美国等西方国家在非洲具有整体利益，它们会联合起来在非洲宣扬“西方模式”，加强在非洲的军事布局，压缩中国的地缘战略空间。

2. 中国如何处理与英国在非洲的利益关系

中国如要正确处理与英国在非洲的利益关系，首先必须清楚双方在非洲存在哪些利益契合点、哪些利益冲突，同时还需要考虑其他相关因素，如"国际因素""非洲因素"等，对双方在非洲关系的影响。从双方对非政策的走势来看，双方在非洲合作有潜在的良好条件。一是双方在非洲的利益契合点不断增加。例如，双方都非常关注非洲的和平与安全问题，也都越来越重视非洲的气候变化、绿色转型，特别是疫情后非洲的经济恢复问题，因为这些问题也都关涉双方的自身利益。非洲的安全有助于保护双方各自在非洲的利益，而非洲的发展又可为双方各自与非洲的经贸合作带来机遇。二是双方在非洲可合作领域的范围不断拓展。例如，英国对非新战略强调促进非洲繁荣，特别重视对非基础设施、农业、绿色能源、数字经济、科技创新等新兴领域进行投资。在非洲安全与稳定方面，英国政府重视通过教育、减贫、打击跨国犯罪等手段消除影响非洲安全与稳定的根源。中国政府也非常重视上述问题，提出要利用中非合作论坛，与非洲国家一起打造数字非洲、绿色非洲、健康非洲、制造非洲、联通非洲、丰收非洲、安全非洲和人才非洲，引领中非合作不断提质升级。可以看出，中英双方未来对非合作领域有许多重合，这为双方在非洲开展合作奠定了良好基础。

就利益冲突来看，在今后相当长的时期内，西方大国与中国在非洲的利益冲突仍将主要集中在三个方面：经济利益层面的博弈、价值观念层面的冲突和地缘政治层面的竞争。① 而具体到中国和英国在非洲的情况来看，在未来一段时间，两国在非洲的利益冲突将主要集中在价值观层面。英国对非新战略特别强调要利用软实力在非洲宣扬英国的"民主、法治、人权"等

---

① 张宏明：《中非关系的发展环境与发展思路》，载《非洲发展报告（2011—2012）：新世纪中非合作关系的回顾与展望》，社会科学文献出版社 2012 年版，第 13—14 页。

价值观，英国政府在与非洲国家打交道时总是标榜要维护“以规则为基础的国际秩序”，同时又暗示中国在非洲的活动总是关注经济利益，而不重视非洲的环保、劳工权利等。“脱欧”公投后，英国政府还非常强调英美特殊关系，将与美国的双边关系作为其对外政策的首要优先目标，并在对外关系方面与美国互为唱和，亦步亦趋。在英美都将中国视为“体系竞争者”的情况下，中国与英美在非洲的关系也不会风平浪静。可以预见，在今后一段时期，英国会和美国一样，在非洲强化价值观外交，利用“民主、人权、法治、透明度”等所谓的价值观干扰、阻挠，甚至破坏中非关系，这会阻碍双方在非洲开展合作。长期来看，中英双方虽然在非洲政府治理、发展理念方面存在差异，但随着双方认识的改变，双方仍可在这些领域开展交流和对话，来减少彼此的对抗和分歧。

根据上述分析，今后一段时间中国应通过下列措施或方式来处理与英国在非洲的利益关系。①

（1）准确把握“西方因素”中的机会

随着“国际因素”的介入，特别是随着中非关系中“西方因素”的发酵，西方大国与中国在非洲的博弈也从物质利益层面的竞争与摩擦延伸到价值观念层面的冲突与较量。随之，西方宣扬的“民主、法治、人权”等政治意识形态成为双方博弈的一个重要方面。西方大国经常夸大中非政治意识形态的差异，以价值观为手段，污蔑中国，妖魔化中国形象，挑拨中非关系，妄图以此阻挠、破坏中国“走进非洲”战略。② 但西方大国在非洲也有各自的利益和企图，它们并非总是铁板一块，对于与

① 这一部分内容，参见张宏明《大国经略非洲研究》，社会科学文献出版社 2019 年版，第 298—300 页。

② 张宏明：《中国在非洲的国际处境及其演化趋势》，载《非洲发展报告（2013—2014）：大国对非政策动向与中非关系的国际环境》，社会科学文献出版社 2014 年版，第 7 页。

中国在非洲开展合作的态度也各不相同。例如，美国和英国现在和未来一段时间都会在非洲强调价值观外交，和中国在非洲进行合作的可能性不是很大。但其他西方国家，如法国，对非政策更为务实，这为双方在非洲的合作提供了机会。2017 年马克龙首次提出他的实用主义的非洲政策，注重现实的国家利益，不太强调“民主、人权、良治”等价值观，而且在服务于法国国家利益的指导原则下，法国对非政策日益灵活务实，面对中国等近些年活跃在非洲大陆的其他国家，放弃只强调竞争的做法，发掘合作机会并努力促进合作。① 因此，中国应正确把握西方大国之间的分歧和分化，善于利用它们之间的矛盾来争取自己在非洲的发展空间。就英国而言，由于“脱欧”的影响，英国今后会更加重视非洲市场。如果其国内经济形势进一步恶化，它就有可能出于自己的国家利益，从实用主义出发，弱化价值观外交，并愿意与其他国家特别是中国等新兴经济体国家在非洲加强经贸、安全等领域的合作。

（2）积极寻求与英国“求同存异”

中国和英国基于各自的国情和传统，对非洲采取了不同的外交政策，中国可以积极寻求与英国在非洲“求同存异”。虽然英国政府强调英美特殊关系优先性，采用亚太倾斜战略，并重视利用软实力等手段，试图抵制中国的影响，遏制中国的发展，但英国许多政府官员和人士都也认识到中国经济发展对英国的重要性，他们都主张与中国建立积极的经贸联系，并在气候变化、公共健康等一些重大全球性问题上与中国开展积极合作。双方都认为非洲在其对外关系中占有重要地位，并采取了相应的对非政策。如前所述，英国对非新战略非常强调实现非洲繁荣、维持非洲稳定与和平、提高非洲人口素质、推动非洲可持

① 彭姝祎：《从戴高乐到马克龙：法国的非洲政策变化轨迹与内在逻辑》，《西亚非洲》2019 年第 2 期。

续发展。为此，英国政府举办了英非投资峰会，扩大了在西非特别是萨赫勒地区的外交和军事存在，加大了对非洲妇女儿童教育的投入力度，提高了对非法野生动植物贸易的关注，并增加了对非洲能源转型的投资。从中国发布的对非政策文件以及中非合作论坛通过的相关文件来看，中国同样关注非洲的经济发展、和平与稳定、民生福利、生态保护等问题。在 2018 年中非合作论坛北京峰会上，中国政府提出与非洲国家携手打造责任共担、合作共赢、幸福共享、文化共兴、安全共筑、和谐共生的中非命运共同体，这实际上就高度精炼概括了中非双方关注的合作领域包括政治、经济、安全、文化、生态、民生、国际事务等几个方面。为更好推动非洲经济发展，中国政府还提出将“一带一路”建设与非洲 2063 年议程和联合国 2030 年可持续发展议程有效衔接。新冠肺炎疫情在非洲暴发后，中国政府提出与非洲建立卫生健康共同体，鼓励并支持与非洲国家开展数字经济、5G、智慧城市等领域的合作，帮助非洲尽快战胜疫情，实现经济恢复。2021 年中非合作论坛第八届部长级会议通过的四项文件全面详细确定了中非在未来三年及更长远一段时间的具体合作领域。从两国的对非政策来看，两国在非洲进行对话交流和合作有广泛的空间和现实基础。在与英国开展对话交流与合作时，必须坚持原则性和灵活性相结合，同时要考虑其他相关各方特别是非洲国家的利益，要本着“非洲提出、非洲同意、非洲主导”的原则，以积极、开放、包容的态度与英国开展合作。

但是，两国在对非政策方面还存在很大的差异。“脱欧”公投后的英国政府在新的国际形势下，更加重视将英国的对外援助与英国外交政策结合起来，使英国对外援助更好地服务于英国国家利益。这就为英国政府利用对外援助对受援国施加一定条件提供了便利。这样，英国政府就可能利用对外援助进一步宣扬其“民主、法治、人权”等价值观，并借此污蔑、抹黑中国在非洲的经贸活动，离间中非关系。而中国在对非合作中坚持做到“五不”，即不干预非洲国家探索符合国情的发展道路，不干涉非洲内政，不把自己的意志强加于人，不在对非援助中附加任何政治条件，不在对非投资融资中谋取政治私利。这是中非关系不惧风雨、历久弥坚的根本原因，也是中非合作欣欣向荣、长盛不衰的“独家秘籍”。但这也是英国和其他西方国家攻击中国在非洲活动的一个借口，认为中国为了经济利益，甚至和非洲所谓“独裁政府”进行合作等。对于双方在非洲的政策差异，双方可以在“存异”的基础上，逐步寻求沟通和交流的机会，并在非洲国家的参与下，不断弥合分歧，乃至求得三方合作的最大“公约数”。

（3）重视“非洲因素”的作用

“非洲因素”是促生大国在非洲“竞合”关系的一个重要因素，大国关系中的“非洲因素”对中国而言是一把双刃剑：运用得好，就可以在中非关系中获得更多非洲国家的支持和理解；运用不好，就会导致非洲国家倒向西方国家一边，共同向中国施压。[①] 在处理同英国在非洲的利益关系时，中国尤其要重视“非洲因素”的作用，这是因为英国在非洲有深厚的传统影响，双方在价值观、语言、法律制度等许多方面都是相同的或非常相似，英国长期以来具有浓厚的“非洲情结”，将非洲视为自己的“势力范围”，这就为中国在非洲利益的拓展带来一定的压力和困难，在这种情况下，中国更需重视“非洲因素”，使之成为处理同英国在非洲利益关系的一个重要砝码。为此，中国需要进一步加强中非合作论坛的建设，扩大中非人文交流与合作，严格规范在非洲中资企业的行为。同时，对于英国政客或媒体

---

① 关于大国关系中“非洲因素”对中非关系的影响，参见张宏明《中国在非洲的国际处境及其演化趋势》，载《非洲发展报告（2013—2014）：大国对非政策动向与中非关系的国际环境》，社会科学文献出版社2014年版，第9—10页。

妖魔化中国的言论和报道要进行针锋相对的反击和驳斥，争取更多非洲国家的理解和支持。从现实情况来看，“非洲因素”对中国非常有利。例如，非洲知名独立无党派调查结构“非洲晴雨表”在2020年11月发布的第八轮调查报告显示，59%的受访者认为中国对本国经济和政治的影响是“比较积极”或“非常积极”，高于对美国影响持正面看法的受访者比例（58%）。但也应看到，过去5年，对中国影响持正面看法的比例有所下降，而且在对发展模式的偏爱程度上，有32%的非洲受访者选择了美国，23%选择中国，11%选择前宗主国（英国、法国、葡萄牙），11%选择南非。在偏爱美国发展模式的非洲受访者中，非洲年轻人（18—35岁）比更年长的人（55岁以上）更倾向美国发展模式。对于中国的发展援助，在那些获得较多中国贷款和发展援助的国家，一些受访者对本国对中国的负债表达了担忧。[①] 这也提醒我们，一定要重视在非洲的软实力建设，大力宣传中非合作给非洲带来的积极结果，利用喜闻乐见的形式介绍中国发展模式的优越性。同时，也要利用当地的新闻媒体坚决抵制和批驳美国等西方媒体对中国在非洲活动的不实报道甚至造谣和污蔑。还要注意的是，英国、法国等非洲国家的前宗主国在非洲的影响力还一直比较大，而且会长期存在。随着英国对非洲关注度的提高，英国与非洲关系的变化需要中国随时关注，避免“非洲因素”出现对中非关系不利的变化。

（4）加强自身对非洲工作机制的建设

对非工作涉及许多方面，如非洲和平与安全、跨国犯罪、海关监管、贸易与投资、气候变化、产品质量、援助等，这就需要许多部门相互协调和配合，才能保证对非各项政策得到落实、涉非各种问题得到妥善解决。英国在布莱尔政府时期重新

---

① https：//www. 163. com/dy/article/G6GTVQ910528CJEP. html, visited on May 16, 2021.

重视对非工作，为了更好解决非洲面临的问题，英国政府设立了跨部门的联合工作机制，英国国际发展部与其他部门如外交部、国防部、财政部、贸工部等联合起来，以使英国能够有效地参与对非事务，确保英国对非政策的制定更有针对性。"脱欧"公投后，为了更好实现全球英国的愿景，英国政府再次强调一体化的、全政府工作方法（an integrated whole government approach）。特别是，为了使英国对外援助更能服务英国国家利益，英国政府将国际发展部并入到外交部，组建新的外交、英联邦和发展部，而且英国外交部将最终决定哪些国家可以获得英国的对外援助。这样就可以联合英国政府各部门的工作，共同服务于英国的国家利益，提升英国的国际影响力。此外，英国政府还根据全球英国外交理念的需要，扩大了在非洲的外交存在，并设立了女王非洲贸易专员，以更好保护英国在非洲的利益，促进英非经贸发展。英国在议会内还设有跨党派非洲事务小组（Africa APPG），对影响整个非洲大陆的、涉及不同政策领域的问题，如外交事务、贸易、商业、工业化、政治等进行调查、研究、提出建议等，供政府决策参考。为了更有效地处理与英国包括其他西方大国在非洲的利益关系，中国也可考虑设立跨部门的联合工作机制，将有关对非工作机构和部门如外交部、商务部、国际发展合作署、司法部、公安部、海关总署、国家开发银行、进出口银行、中非发展基金、中非产能合作基金等有效统筹起来，建立相应的协调和反应机制，通过召开定期联席会议或定期通报机制相互通报有关对非工作信息，以便联合行动，制定更为有效和全面的对非政策，提高对非工作效率，增加对非工作的竞争力和决策能力。① 为有效实施对外援

① 关于中国完善对非工作体制、提高对非工作行政效率的建议，还可参见张宏明《中非关系的发展环境与发展思路》，载《非洲发展报告（2011—2012）：新世纪中非合作关系的回顾与展望》，社会科学文献出版社 2012 年版，第 13—14 页。

助，更好地发挥对外援助的作用，中国国际发展合作署、外交部和商务部在2021年8月联合发布了《对外援助管理办法》。该管理办法明确规定了国际发展合作署、外交部和商务部在对外援助中的各自职能，有利于三部门发挥各自的作用，高效实施对外援助。同时，该管理办法第7条还规定，国际发展合作署会同有关部门建立对外援助部际协调机制，统筹协调对外援助重大问题。这将有利于集中各部门的力量，在对外援助中更好地服务中国的国家利益。

朱伟东，河南省汝南县人，法学博士，中国社会科学院西亚非洲研究所（中国非洲研究院）非洲法律研究中心主任、研究员，中国社会科学院大学教授、博士生导师。自 2008 年起，先后在剑桥大学法学院进行博士后研究，在首尔国立大学法学院任访问研究员。曾被评为湖南省青年骨干教师、湖南省 121 人才工程第三层次人选、国务院政府特殊津贴专家。主要研究领域包括非洲法、非洲国际关系、国际私法、国际商事仲裁等。先后出版专著、译著、智库报告10 多部，参编著作10 余部，在 *Journal of African Law*（《非洲法杂志》）、*Penant*（《贝南文集》）、*Journal of South African Law*（《南非法律杂志》）、*Journal of Private International Law*（《国际私法杂志》）、*Yearbook of Private International Law*（《国际私法年刊》）、*Journal of International Arbitration*（《国际仲裁杂志》）、*Asian International Arbitration Journal*（《亚洲国际仲裁杂志》）、*Transnational Dispute Management Journal*（《跨国争议管理杂志》）、《西亚非洲》等国内外期刊、杂志、报纸发表各类文章 200 多篇。先后主持非洲法方面的国家社科基金课题 3 项，外交部中非联合计划课题 2 项，主持中国社会科学院西亚非洲研究所创新项目、重点课题、中非联合交流课题多项。